J. Krishnamurti

Sobre Conflitos

Tradução
PEDRO S. DANTAS JR.

EDITORA CULTRIX
São Paulo

Título do original:
On Conflict

Krishnamurti Foundation Trust Ltd.
Brockwood Park
Bramdean, Hampshire S024 OLQ
England

Instituição Cultural Krishnamurti
Rua dos Andradas, 29 — sala 1007
20051-000 — RJ — Centro
Brasil
Telefone (021)232-2646

Edição	Ano
1-2-3-4-5-6-7-8-9	96-97-98-99

Direitos de tradução para a língua portuguesa
adquiridos com exclusividade pela
EDITORA CULTRIX LTDA.
Rua Dr. Mário Vicente, 374 — 04270-000 — São Paulo, SP — Fone: 272-1399
que se reserva a propriedade literária desta tradução.

Impresso em nossas oficinas gráficas.

A partir do momento em que você se puser a investigar as causas da guerra, você estará questionando seu relacionamento com o outro, e isto significa questionar toda a sua existência, todo o seu modo de vida.

Bombaim, 7 de março de 1948

É necessário que você examine a sua vida espontaneamente, não por influência do governo ou porque alguém mandou. Você precisa examiná-la de forma espontânea, sem condená-la, sem taxar isto ou aquilo de certo ou errado; basta olhar. E, ao olhar desta maneira, você descobrirá que olha com olhos cheios de afeição — sem condenar, sem julgar, mas com atenção. Você se olha com atenção e, portanto, com imenso afeto — e é só quando há grande afeto e amor que você pode enxergar a existência total da vida.

Madras, 22 de dezembro de 1965

O conflito só existe a partir do momento em que temos nossos interesses, desejos, contrariados, causando dor, sofrimento.

Sumário

Prefácio

Jiddu Krishnamurti nasceu na Índia em 1865 e, com treze anos, foi aceito pela Sociedade Teosófica, que o considerou talhado para o papel de "mestre do mundo", cujo advento vinha anunciando. Em pouco tempo Krishnamurti despontaria como mestre vigoroso, independente e original, cujas palestras e escritos não se ligavam a nenhuma religião específica nem eram próprias do Ocidente ou do Oriente, mas de todo o mundo. Repudiando com firmeza a imagem messiânica, em 1929 ele dissolveu dramaticamente a ampla organização monista que se constituíra à sua volta e declarou ser a verdade um "território inexplorado", do qual não era possível aproximar-se através de nenhuma religião formal, filosofia ou seita.

Pelo resto de sua vida, Krishnamurti rejeitou com vigor a condição de guru que lhe tentavam impingir. Ele continuou a reunir grandes multidões em todo o mundo, mas não se atribuía nenhuma autoridade, não queria ter discípulos e falava sempre como um indivíduo dirigindo-se a outro. No âmago de seus ensinamentos encontrava-se a constatação de que mudanças fundamentais na sociedade só podem ser conseguidas através da transformação da consciência individual. Krishnamurti acentuava constantemente a necessidade do autoconhecimento e da compreensão das influências restritivas e separatistas das religiões, bem como das condicionantes da nacionalidade. Krishnamurti apontava sempre para a urgente necessidade de se manter o espírito aberto e para o "amplo espaço da mente em que há inimaginável energia". Esse parece ter sido o manancial de sua criatividade e a chave para o poder catalítico que exercia sobre uma tão grande variedade de pessoas.

Fez palestras, sem cessar, por todos os cantos do mundo até sua morte, ocorrida em 1986, aos noventa anos de idade. Suas conferências e diálogos, diários e cartas foram reunidos em mais de sessenta livros e em centenas de gravações. Desse vasto corpo de ensinamentos compilou-se esta série de livros-tema. Cada livro focaliza um assunto que possui particular relevância e urgência em nossa vida diária.

Ojai, 27 de Maio de 1945

Questionador: Sem dúvida, a maioria das pessoas já viu em filmes e revistas imagens verdadeiras dos horrores e barbaridades dos campos de concentração. Na sua opinião, o que deveria ser feito com aqueles que perpetraram essas atrocidades? Não deveriam ser punidos?

Krishnamurti: Quem deve puni-los? Será que o juiz, às vezes, não é tão culpado quanto o acusado? Cada um de nós construiu a sua própria civilização, contribuiu para a sua desgraça, é responsável por suas ações. Nós somos o resultado das ações e reações de cada um; esta civilização é um produto coletivo. Nenhum país é separado de outro; somos todos inter-relacionados; somos um só. Quer nos demos conta disso, quer não, quando algo de bom ou de mau acontece com uma pessoa, acontece também conosco. Vocês não podem se distanciar para condenar ou louvar.

O poder opressor é mau, e cada grupo grande e bem-organizado torna-se uma fonte potencial do mal. Ao clamar contra as crueldades de outro país, você acha que pode deixar de encarar as do seu país. Não apenas os vencidos, mas todos os países são responsáveis pelos horrores da guerra. A guerra é uma das maiores catástrofes; a maior maldade é matar outro ser humano. Quando você admite essa maldade no seu coração, você provoca incontáveis desastres menores. Você não condena a guerra em si, mas sim aquele que é cruel na guerra.

Você é responsável pela guerra; você a produziu por suas ações cotidianas de cobiça, paixão, má vontade. Cada um de nós ajudou a construir a civilização competitiva e impiedosa na qual o homem se volta contra o homem. Você quer encontrar nos outros as causas primordiais da guerra, da barbaridade, enquanto você mesmo se entrega a elas. Isso leva à hipocrisia e a novas guerras. É preciso encontrar em você mesmo as causas primeiras da guerra e da violência, e isso requer paciência e ternura, e não a condenação sangüinária de outros.

A humanidade não precisa de mais sofrimento para compreender a verdade; o que é preciso é que você se torne consciente das suas ações, que você acorde para a sua ignorância e dor e, com isso, produza em você mesmo a compaixão e a tolerância. Não se preocupe com castigos e recompensas, mas sim em eliminar de você aquelas causas que se manifestam com violência e ódio, antagonismo e má vontade. Ao assassinar o assassino você se iguala a ele; você se torna o criminoso. Um mal não se endireita por meios maus; é só por meios corretos que um fim correto pode ser alcançado. Se você quer ter paz, é preciso empregar meios pacíficos; massacres e guerra só podem levar a novas mortes e sofrimento. Não se pode produzir o amor através do derramamento de sangue; um exército não é um instrumento de paz. Só a boa vontade e a compaixão podem produzir a paz no mundo — não o poder e a esperteza, nem a mera legislação.

Você é responsável pelas desgraças e desastres que existem, você que em sua vida diária é cruel, opressor, cheio de cobiça e ambição. O sofrimento continuará a existir até que você tenha eliminado de si mesmo as causas que produzem paixão, cobiça e impiedade. Tenha paz e compaixão no coração, e você descobrirá a resposta para a sua pergunta.

Ojai, 17 de Junho de 1945

Questionador: O senhor censura a guerra, mas será que não a está apoiando?

Krishnamurti: Será que todos nós não estamos incentivando esse terrível massacre? Nós somos responsáveis, cada um de nós, pela guerra; a guerra é o resultado final de nossa vida diária; ela se torna realidade através do nosso pensamento-sentimento-ação diários. Nós projetamos tudo aquilo que somos em nossos relacionamentos profissionais, sociais e religiosos; o que somos, o mundo é.

A menos que possamos compreender as questões primárias e secundárias ligadas à responsabilidade pela guerra, continuaremos confusos e incapazes de nos desembaraçar do desastre por ela provocado. Precisamos saber para onde dirigir a nossa atenção e só então compreenderemos o problema. O fim inevitável desta sociedade é a guerra; ela é voltada para a guerra; a industrialização conduz à guerra; seus valores promovem a guerra. O que quer que façamos dentro de seus limites contribui para a guerra. Quando compramos algo, o imposto acaba canalizado para a guerra; os selos dos correios ajudam a manter a guerra. Não podemos escapar da guerra, não importa onde estejamos, especialmente nestes tempos, em que a sociedade está organizada para a guerra total. Qualquer trabalho, por mais simples e inofensivo que seja, contribui para a guerra de uma forma ou de outra. Gostemos ou não, pela nossa própria existência estamos ajudando a manter a guerra. Então, o que devemos fazer? Não podemos nos retirar para uma ilha ou para uma comunidade primitiva, pois a cultura atual está em toda a parte. O que podemos fazer? Deveremos nos recusar a financiar a guerra não pagando impostos, não comprando selos? Será essa a questão primordial? Se não for, e se for apenas uma questão secundária, não nos deixemos distrair por ela.

Então pergunto: a questão principal, aquela que é a verdadeira causa da guerra, não será ela mais profunda? Se conseguirmos compreender a causa da guerra, as questões secundárias poderão ser abordadas em seguida sob um ponto de vista diferente; se não a compreendermos, ficaremos enredados nessas questões. Se nos libertarmos das causas da guerra, então, quem sabe, o problema secundário talvez nem chegue a se apresentar.

Sendo assim, devemos dar ênfase à tentativa de encontrar no íntimo de cada um a causa da guerra; essa descoberta deve ser feita individualmente e não em grupos organizados, pois as atividades em grupo tendem a abafar a capacidade de reflexão e a produzir meras propagandas e *slogans*, cuja única utilidade é alimentar mais intolerância e antagonismo. A causa precisa ser descoberta individualmente e assim, através da experiência direta, cada qual poderá libertar-se dela.

Se olharmos em profundidade, veremos que todos nós conhecemos as causas da guerra: paixão, má vontade e ignorância; sensualidade, mundanismo e o desejo de continuidade e fama; cobiça, inveja e ambição; nacionalismo com suas soberanias distintas, fronteiras econômicas, divisões sociais, preconceitos raciais e religião organizada. Não será cada um capaz de reconhecer sua cobiça, má vontade, ignorância e, assim, livrar-se delas? Nós nos aferramos ao nacionalismo porque ele representa uma válvula de escape para nossos instintos cruéis e criminosos; em nome de nosso país ou ideologia podemos matar ou liquidar com impunidade, podemos virar heróis; e, quanto maior o número de nossas vítimas, mais honrarias recebemos de nosso país.

Livrar-se da causa do conflito e da dor: não será essa, pois, a questão primordial? Se não frisarmos isso, como a solução das questões secundárias poderá acabar com a guerra? Se não arrancarmos as razões primeiras da guerra de dentro de nós, de que servirá remendar os resultados externos do nosso estado interior? Precisamos, cada um de nós, cavar fundo dentro de nós mesmos e expulsar a luxúria, a má vontade e a ignorância; precisamos abandonar de uma vez por todas o nacionalismo, o racismo e todas as causas da inimizade. Precisamos nos concentrar inteiramente naquilo que é de importância primordial e não nos deixarmos confundir por questões secundárias.

Q: O senhor está depressivo. Eu quero inspiração para seguir adiante. O senhor não nos anima com palavras de coragem e esperança. Será errado buscar inspiração?

K: E para que você quer inspiração? Não será porque, no seu íntimo, você se sente vazio, sem criatividade, solitário? Você quer preencher a solidão, esse vazio doloroso; talvez tenha tentado diversas maneiras de preenchê-lo e vindo até aqui você espera escapar dele mais uma vez. A esse processo de encobrir a aridez da solidão dá-se o nome de inspiração. A inspiração, então, torna-se um mero estímulo e, com todo esse estímulo, ela logo provoca a sua própria monotonia e insensibilidade. Assim, passamos de uma inspiração a outra, cada qual trazendo sua própria decepção e enfado; assim a mente e o coração perdem sua flexibilidade, sua sensitividade; perde-se a tensão interior através desse contínuo movimento de distender e relaxar. É preciso haver tensão para que se possa descobrir, mas a tensão que exige relaxamento ou estímulo logo perde a capacidade de se renovar, de ser flexível e alerta. A flexibilidade alerta não pode ser induzida a partir de fora; ela surge quando não depende de estimulação ou inspiração.

Mas não serão todos os estímulos semelhantes em seus efeitos? Quer tenha bebido, quer tenha sido estimulado por um quadro ou uma idéia, quer você vá a um concerto, quer a uma cerimônia religiosa, quer se prepare para determinado ato, seja ele nobre ou desprezível, será que tudo isso não está enevoando a mente e o coração? Uma ira justificada, o que é absurdo, por mais estimulante ou inspiradora que seja, leva à insensibilidade; porém, para sentir a realidade, precisamos de inteligência, sensibilidade e receptividade em sua forma mais elevada, não é verdade? A estimulação cria a dependência, e a dependência, seja ela digna ou não, gera o medo. Não é muito importante saber de que forma a pessoa é estimulada ou inspirada, se através da igreja ou da política ou de distrações, pois o resultado será o mesmo — a insensibilidade, fruto do medo e da dependência.

As distrações são estímulos. Nossa sociedade encoraja sobretudo a distração, distração de qualquer natureza. Nosso pensamento-sentimento tornou-se um processo de fugir do centro, da realidade. Assim, é dificílimo fugir de todas as distrações, pois nos tornamos quase incapazes de, sem fazer escolhas, tomar consciência "daquilo que é". Surge então o conflito, o que distrai ainda mais o nosso pensamento-sentimento, e é só através da consciência constante que o pensamento-sentimento pode desembaraçar-se da rede de distrações.

Além disso, quem poderá dar-lhe ânimo, coragem e esperança? Se nos apoiarmos uns nos outros, mesmo que grandes e nobres, estaremos inteiramente perdidos, pois a dependência gera a possessividade, e nesta existem lutas e dores sem fim. Ânimo e felicidade não são fins neles mesmos; assim como a coragem e a esperança, eles são subprodutos da busca de algo que é um fim em si mesmo. E esse fim precisa ser buscado com paciência e empenho, pois é só com a sua descoberta que poderão terminar todo esse tumulto, essa dor. A jornada em direção à descoberta está em cada um de nós; qualquer outra jornada é uma distração que leva à ignorância e à ilusão. A jornada íntima de cada um precisa ser levada avante, não em função de um resultado, não para resolver um conflito ou acabar com o sofrimento; a busca é, em si mesma, devoção e inspiração. Sendo assim, o próprio ato de fazer a jornada é um processo inspirador, uma experiência de libertação e criatividade constantes. Já notaram que a inspiração vem quando não a procuramos? Ela aparece quando terminou toda a expectativa, quando a mente e o coração estão em silêncio. Aquilo que buscamos é uma criação de nós mesmos e é, portanto, irreal.

Bombaim, 7 de Março de 1948

Questionador: O que o senhor nos aconselha a fazer se estourar a guerra?

Krishnamurti: Em lugar de buscar conselhos, posso sugerir que examinemos juntos o problema? Porque é fácil dar conselhos, mas isso não resolve. Se examinarmos juntos o problema, talvez sejamos capazes de descobrir como agir quando rebentar a guerra. É preciso haver uma ação direta, não a ação baseada na autoridade ou nos conselhos de alguém, o que seria estúpido demais em um momento de crise. Em momentos de crise, seguir outra pessoa nos leva à nossa própria destruição. Afinal de contas, em tempos de crise como a guerra, você é conduzido à destruição; mas se você conhece a guerra e todas as suas implicações, percebe seu modo de atuar, como ela surge, então, quando a crise surgir, sem buscar conselhos nem seguir ninguém, você agirá de forma direta e verdadeira. Isso não significa que eu pretenda evitar o problema fugindo de uma resposta direta à sua questão. Não estou me esquivando. Ao contrário, quero mostrar que podemos agir virtuosamente — o que não é o mesmo que "justamente" — quando esta terrível catástrofe se abate sobre o homem.

Bem, o que faria você se houvesse uma guerra? Sendo um hindu, ou indiano ou alemão, sendo nacionalista, patriota, você por certo pegaria de imediato nas armas, não é verdade? Pois, através da propaganda, por meio de fotografias horríveis e todo o resto, você seria estimulado e estaria pronto para lutar. Condicionado pelo patriotismo, pelo nacionalismo, pelas fronteiras econômicas, pelo assim chamado amor à pátria, sua resposta imediata seria a de lutar. Então você não teria problema, não é mesmo? Você só tem problemas quando se põe a questionar as causas da guerra — as quais não são meramente econômicas, mas muito mais psicológicas e ideológicas.

Quando você começa a questionar todo o processo da guerra, como surge a guerra, então você passa a ser diretamente responsável pelos seus atos. Porque a guerra só surge quando você, em seu relacionamento com o outro, cria conflito. Afinal, a guerra é uma projeção da nossa vida cotidiana — apenas mais espetacular e destrutiva. Na vida cotidiana nós matamos e destruímos, mutilando milhares de pessoas com a nossa cobiça através do nacionalismo, através de nossas fronteiras econômicas e assim por diante. Sendo assim, a guerra é um prolongamento de nossa existência cotidiana tornada mais espetacular; e a partir do momento em que você se puser a investigar as causas da guerra, você estará questionando seu relacionamento com o outro, e isso significa questionar toda a sua existência, todo o seu modo de vida.

Se investigar com inteligência, não de maneira superficial, quando a guerra vier, você reagirá de acordo com a sua investigação e entendimento. Um homem que é pacífico — não em função de um ideal de não-violência, mas aquele realmente livre da violência — para esse homem a guerra não tem nenhum significado. Ele, é óbvio, não tomará parte nela; ele pode ser baleado por causa disso, mas aceita as conseqüências. Ao menos ele não tomará parte no conflito — mas não por causa de idealismos. O idealista é uma pessoa que evita a ação imediata. O idealista que busca a não-violência é incapaz de se libertar da violência; porque, como toda a nossa vida baseia-se no conflito e na violência, se não me compreendo agora, hoje, como poderei agir com exatidão amanhã, quando houver uma calamidade? Sendo ganancioso, condicionado pelo nacionalismo, pela minha classe — você conhece todo o processo —, como poderei, condicionado pela cobiça e violência, agir sem cobiça e violência quando surgir uma catástrofe? Naturalmente serei violento. Além disso, quando surge a guerra, muitas pessoas gostam das vantagens que ela promove: o governo vai cuidar de mim, alimentar minha família; e é uma quebra da rotina diária, do escritório, da monotonia da vida. Assim, a guerra é uma fuga, e para muitos ela oferece uma forma fácil de fugir das responsabilidades. Já ouviu o que dizem diversos soldados? "Graças a Deus. É um negócio brutal mas ao menos é entusiasmante." Além disso, a guerra liberta nossos instintos criminosos. Somos criminosos na vida cotidiana, no mundo dos negócios, em nossos relacionamentos, mas tudo isso permanece oculto, bem escondido, encoberto sob um manto de justiça, uma aceitação legalizada; e a guerra permite uma libertação da hipocrisia — por fim podemos ser violentos.

Assim, a forma como você vai agir em tempos de guerra depende de você, da condição e do estado do seu ser. Dizer "Você não deve ir para a guerra" a um homem condicionado pela violência é de absoluta inutilidade. É perda de tempo pedir-lhe para não lutar, porque ele está condicionado a lutar, gosta de lutar. Mas aqueles de nós que se empenham com seriedade podem investigar as próprias vidas; veremos então o quanto somos violentos na nossa vida diária, no nosso modo de falar, nos nossos pensamentos, nas nossas ações, nos nossos sentimentos, e poderemos nos libertar da violência, não em função de um ideal, não tentando transformá-la em não-violência, mas por enxergá-la de frente, por tomar ciência dela, apenas; então, quando a guerra chegar, seremos capazes de agir com exatidão. O homem em busca de um ideal agirá de modo falso, pois reagirá baseado na frustração. Ao passo que, conscientes de nossos próprios pensamentos, sentimentos e ações na vida diária — sem condená-los mas simplesmente tomando consciência deles —, então nos livraremos do patriotismo, do nacionalismo, das bandeiras e de toda a podridão, estes sim os verdadeiros símbolos da violência; e uma vez livres, saberemos como agir com exatidão quando surgir a crise denominada guerra.

Q: Um homem que abomina a violência pode fazer parte do governo de um país?

K: Mas, o que é governo? No fim das contas, ele é, ele representa aquilo que somos. Nas assim chamadas democracias, seja lá o que isso signifique, elegemos para nos representar pessoas parecidas conosco, pessoas de quem gostamos, que falaram mais alto, com a mente mais aguçada ou coisas que o valha. O governo é aquilo que somos, não é verdade? E o que somos? Somos uma massa de respostas condicionadas

— violência, cobiça, ganância, inveja, desejo de poder, etc. O governo é aquilo que somos, ou seja, violência sob diferentes formas; e como pode um homem, cujo ser, na verdade, não tem violência, pertencer, nominalmente ou de fato, a uma estrutura que é violenta? A realidade pode coexistir com a violência, que é o que chamamos de governo? Pode um homem que busca ou vive a realidade ter algo que ver com governos soberanos, com nacionalismo, ideologias, partidos políticos, um sistema de poder? A pessoa pacífica acredita que ao se juntar ao governo poderá fazer algo de útil. Mas o que acontece com ela ao entrar no governo? A estrutura é tão poderosa que a pessoa é absorvida por ela e pouco pode fazer. Veja, meu senhor, isso é um fato: é o que acontece no mundo. Ao se filiar a um partido ou ao se candidatar a uma vaga no parlamento, você tem de aceitar a linha do partido. Você pára de pensar. E como pode um homem que se entregou por inteiro — seja a um partido, a um governo ou a um guru — como ele pode encontrar a realidade? E como pode um homem empenhado em buscar a verdade ter algum tipo de relação com a política de poder?

Veja, essas perguntas fazem sentido porque, para nos transformarmos, preferimos nos deixar levar pela autoridade que vem de fora, pelas circunstâncias. Esperamos que os líderes, os governos, os partidos, os sistemas, os padrões de conduta, de alguma maneira nos transformem e produzam a paz e a ordem em nossas vidas. Essa é certamente a base de todas aquelas perguntas, não é verdade? Será que outra pessoa, seja o governo, um guru ou o diabo, pode produzir a paz ou a ordem? Será que outra pessoa pode nos dar felicidade e amor? É certo que não. A paz só poderá surgir quando a confusão que criamos for plenamente compreendida, não apenas no nível verbal mas interiormente; quando as causas da confusão e da discórdia forem eliminadas, obviamente haverá paz e liberdade. Mas nós, sem ter eliminado as causas, procuramos alguma autoridade externa que nos traga a paz; porém, o exterior submete-se sempre ao interior. Enquanto perdurar o conflito psicológico, com sua busca de poder, de posição, etc. — por mais que seja bem construído, por mais que sua estrutura seja boa e metódica, a confusão interior continuará a prevalecer. Com certeza, portanto, devemos dar ênfase ao que é interior e não meramente examinar o que é externo.

Bangalore, 11 de Julho de 1948

Questionador: Como solucionar o atual caos político e a crise mundial? Existe algo que um indivíduo possa fazer para acabar com a guerra?

Krishnamurti: A guerra é a projeção espetacular e sangrenta de nossa vida diária. A guerra não passa da expressão exterior de um estado interior, uma expansão da nossa atividade cotidiana. É mais espetacular, mais sangrenta, mais destrutiva, mas é o produto coletivo de nossas atividades individuais. Sendo assim, você eu somos responsáveis pela guerra, e o que podemos fazer para acabar com ela? Evidentemente, nem eu ou você podemos interromper a guerra, porque ela já começou; já começou, embora ainda esteja sobretudo no plano psicológico. Já começou no mundo das idéias, embora possa demorar ainda um pouco para que nossos corpos sejam destruídos. Como já está em movimento, não pode ser interrompida — as questões são inúmeras, enormes e já decididas. Mas você e eu, vendo a casa em chamas, podemos compreender as causas dessas chamas, podemos fugir delas e reconstruir a casa em outro lugar com outros materiais, não inflamáveis, que não produzirão novas guerras. Isso é tudo o que podemos fazer.

Você eu podemos ver o que dá origem à guerra, e se nos interessarmos em acabar com as guerras, podemos começar por nos transformar, pois somos as causas da guerra. Quais são as causas, religiosas, políticas ou econômicas, que provocam a guerra? A causa, obviamente, é a crença, seja ela no nacionalismo, numa ideologia ou em um dogma. Se não tivéssemos crenças mas boa vontade, amor e consideração uns pelos outros, não haveria guerras. Mas somos alimentados pelas crenças, idéias e dogmas, e isso cria o descontentamento. A crise que vivemos agora é excepcional, e nós, como seres humanos, precisamos percorrer a trilha do conflito constante e das guerras intermináveis que são o resultado de nosso modo de agir diário, ou então descobrir as causas da guerra e virar as costas para elas.

O que provoca a guerra é o desejo de poder, de posição, de prestígio, de dinheiro, e também a doença chamada nacionalismo, a adoração de uma bandeira e a doença da religião organizada, a adoração de um dogma. Estas são as causas da guerra; e se você como indivíduo pertence a alguma das religiões organizadas, se você anseia por poder, se você é invejoso, você está fadado a criar uma sociedade que redundará em destruição. Sendo assim, repito, tudo depende de você e não dos líderes, não de Stálin, de Churchill e de todos os outros. Depende de você e de mim, mas parece que não nos damos conta disso. Se de repente sentíssemos a responsabilidade de nossas próprias ações, logo conseguiríamos pôr fim a todas as guerras e a toda essa desgraça! Mas, veja, somos indiferentes. Fazemos três refeições por dia, temos nosso emprego, nossa conta bancária, pequena ou grande, e dizemos: "Pelo amor de Deus, não nos amole, deixe-nos em paz." Quanto mais no alto, mais queremos segurança, permanência, tranqüilidade, mais queremos que nos deixem a sós para que tudo fique como está; mas não se pode manter tudo como está, porque não há nada para manter. Tudo está se desintegrando. Não queremos enxergar isso, não queremos encarar o fato de que somos responsáveis pela guerra. Eu e você podemos conversar sobre a paz, fazer conferências, sentar em torno de uma mesa e discutir; mas interiormente, psicologicamente, queremos poder, posição; somos movidos pela cobiça. Fazemos intrigas, somos nacionalistas, somos tomados pelas crenças e dogmas, pelos quais nos dispomos a morrer e a destruir um ao outro. Você acredita que homens como você e eu podem vir a ter paz no mundo? Para que haja paz, precisamos ser pacíficos. Viver pacificamente significa não criar antagonismos. A paz não é um ideal. Para mim, um ideal é só uma fuga, um meio de evitar e negar "o que é". Um ideal impede a ação direta sobre "o que é". Para atingir a paz, precisamos amar e começar, não a viver uma vida ideal, mas a enxergar os fatos como eles são e agir sobre eles, transformá-los. Enquanto cada um de nós procurar segurança psicológica, estará destruída a segurança fisiológica de que necessitamos — alimento, vestimentas e abrigo. Estamos buscando a segurança psicológica, que não existe; e nós a buscamos, através do poder, da posição, de títulos, de nomes — e todos eles estão destruindo a segurança física. Esse é um fato óbvio, basta olhar para ele.

Sendo assim, para haver paz no mundo, para acabar com as guerras, é preciso que ocorra uma revolução no indivíduo, em você e em mim. A revolução econômica sem essa revolução interior não tem sentido, pois a fome é resultado do desajustamento das condições econômicas produzidas pelos nossos estados psíquicos — cobiça, inveja, má vontade e ganância. Para pôr fim ao sofrimento, à fome e à guerra, é preciso que se faça uma revolução psicológica, e poucos querem enfrentar isso. Discutiremos a paz, planos de legislação, criaremos novas ligas, as Nações Unidas, etc.; mas não obteremos a paz porque não abrimos mão de nossa posição, autoridade, dinheiro, propriedades, nossas vidas estúpidas. Depender dos outros é absolutamente inútil; os outros não podem nos dar a paz. Nenhum líder jamais nos dará a paz, assim como nenhum governo, exército ou país. O que nos dará a paz é a transformação interior que nos levará a ações externas. A transformação interior não é isolamento, não é uma recusa de ação exterior. Ao contrário, pode haver o pensar corretamente, mas não existe o pensar corretamente quando não existe autoconhecimento. Sem se conhecer, não existe paz.

Para acabar com a guerra exterior é preciso que você comece pondo fim à sua guerra interior. Alguns de vocês balançarão a cabeça e dirão: "Concordo", e irão embora fazendo exatamente o mesmo que vêm fazendo nos últimos dez ou vinte anos. Concordam apenas verbalmente e isso não tem nenhum significado, pois as guerras e as desgraças do mundo não terminarão apenas em função de um assentimento casual. Só terminarão quando você se der conta do perigo, quando perceber a sua responsabilidade, quando deixar de atribuir isso aos outros. Se você enxergar o sofrimento, se perceber a urgência da ação imediata e não a adiar, você se transformará; e a paz só chegará quando você mesmo estiver em paz, estiver em paz com seu próximo.

Q: A família é o esqueleto do nosso amor, da nossa cobiça, do nosso egoísmo e divisão. Que papel desempenha ela no esquema que o senhor propõe?

K: Não tenho nenhum esquema. Veja de que forma absurda pensamos a vida! A vida é viver, é dinâmica, ativa; não se pode colocá-la em um esquema. Os intelectuais a colocam em esquemas e têm modelos para sistematizá-la: eu não tenho esquemas. Mas vejamos os fatos. Em primeiro lugar, existe o fato do nosso relacionamento com o outro, seja com a mulher, com o marido ou com o filho — o relacionamento a que damos o nome de família. Vamos examinar "o que é" isso e não o que gostaríamos que fosse. Qualquer um pode ter idéias acerca da vida em família; mas se a examinarmos, se observarmos e se compreendermos o que ela é, talvez sejamos capazes de transformá-la. O simples ato de cobri-la com o que não passa de um belo conjunto de palavras — dando a isso o nome de responsabilidade, dever, amor — nada disso tem sentido. Vamos examinar aquilo a que damos o nome de família. Para compreender algo, é preciso examinar "o que é" e não encobri-lo com uma série de frases de efeito.

O que é isso a que damos o nome de família? Obviamente, é um relacionamento de intimidade, de comunhão. Bem, mas existe comunhão na sua família, no seu relacionamento com a sua esposa ou com seu marido? Sem dúvida, é isso o que entendemos por relacionamento. Relacionamento significa a comunhão sem medo, a liberdade de compreender o outro, de se comunicar de forma direta. E, é óbvio, relacionamento significa isso — estar em comunhão com o outro. E eu pergunto: vocês estão? Você está em comunhão com sua mulher? Quem sabe, fisicamente, mas isso não é relacionamento. Você e sua mulher vivem nos lados opostos de um muro de isolamento, não é mesmo? Você tem os seus objetivos, as suas ambições, e ela tem os dela. Você vive atrás desse muro e, de vez em quando, dá uma olhadinha por cima dele, e a isso você chama de relacionamento. Você pode aumentá-lo, diminuí-lo, introduzir uma infinidade de novas e belas palavras para descrevê-lo, mas o fato real é esse — você e o outro vivem em isolamento, e a essa vida em isolamento damos o nome de relacionamento.

Quando existe um relacionamento verdadeiro entre duas pessoas, e isso significa haver comunhão entre elas, as implicações são enormes.

Não há isolamento, há amor e não responsabilidade ou dever. As pessoas que se escondem atrás de seus muros são as que falam em responsabilidade e dever. Mas um homem que ama não fala de responsabilidade — ele ama. Portanto, ele divide com o outro suas alegrias, suas dores, seu dinheiro. Nossas famílias são assim? Existe comunhão direta com sua esposa, seus filhos? É obvio que não. A família é, pois, uma mera desculpa para perpetuar seu nome ou tradição, para que você tenha aquilo que deseja, sexual ou psicologicamente. A família se transforma numa forma de autoperpetuação. Esse é um tipo de imortalidade, de permanência. E, além disso, a família é usada como uma espécie de gratificação. Lá fora, no mundo social ou da política, no mundo dos negócios, eu exploro impiedosamente os outros; na minha casa procuro ser gentil e generoso. Que Absurdo! Ou o mundo é grande demais para mim e eu quero paz, e vou para casa. Eu sofro no mundo, e vou para casa e tento achar consolo. Uso o relacionamento como meio de gratificação, o que significa que não quero ser perturbado de modo algum.

Nas nossas famílias existe isolamento e não comunhão, e portanto não existe amor. Amor e sexo são diferentes; discutiremos isso depois. Podemos desenvolver no nosso isolamento uma forma de egoísmo, uma devoção, gentileza, mas permaneceremos sempre atrás do muro, porque nos preocupamos mais com nós mesmos do que com os outros. Se vocês estivessem preocupados com os outros, em comunhão com seu marido ou esposa, e portanto abertos para o próximo, o mundo não estaria nessa desgraça. Eis por que famílias em isolamento são um perigo para a sociedade.

Então, pergunto; como romper este isolamento? Para fazer isso, precisamos identificá-lo; é preciso não nos desvencilhar dele nem afirmar que ele não existe. Existe; é um fato óbvio. Perceba de que forma você trata sua esposa, seu marido, seus filhos; perceba a dureza, a brutalidade, as afirmativas convencionais, a falsa educação. Você pode afirmar que, se amasse sua mulher ou marido, ainda assim teríamos este conflito, esta desgraça no mundo? É porque você não sabe como amar sua mulher, seu marido, que não sabe como amar a Deus. Você quer Deus como uma forma maior de isolamento, de segurança. Afinal de contas, Deus é a mais completa segurança; mas não é a Deus que se busca e sim um mero refúgio, um meio de fuga. Para encontrar Deus você precisa aprender a amar, não a Deus, mas sim os seres humanos à sua volta, as árvores, as flores, os pássaros. E, quando você tiver aprendido a amá-los, você saberá o que na verdade é amar a Deus. Sem amar o outro, sem saber o que é viver em completa comunhão com o outro, você não pode estar em comunhão com a verdade. Mas, veja, não pensamos em amor; não nos preocupamos em viver em comunhão com o outro. Queremos segurança, seja na família, na propriedade ou nas idéias; e enquanto a mente continuar a buscar segurança jamais haverá amor. Pois o amor é o que há de mais perigoso, porque quando amamos alguém, nos tornamos vulneráveis, ficamos abertos; e não queremos ser abertos e vulneráveis. Queremos estar enclausurados, mais à vontade dentro de nós mesmos.

Promover uma transformação nos nossos relacionamentos não é uma questão de leis, de compulsão segundo as escrituras. Para transformar de forma radical o relacionamento, é preciso começar por nós mesmos. Observe-se, veja como você trata a esposa e os filhos. Sua esposa é uma mulher, e ponto final — ela deve ser usada como capacho! Não acredito que você perceba o estado catastrófico do mundo atual; caso contrário, você não trataria o assunto de forma tão casual. Estamos à beira de um precipício — moral, social e espiritual. Você não percebe, mas a casa está em chamas e você continua morando nela. Se percebesse o incêndio, ou soubesse que você está na beira de um precipício, você agiria. Mas infelizmente você é complacente, medroso, tranqüilo; vive aborrecido ou exausto, querendo satisfação imediata. Você deixa tudo passar e, em conseqüência, a catástrofe mundial se aproxima. Não se trata de mera ameaça; é um fato real. Na Europa a guerra já começou — guerra, guerra, guerra, desintegração, insegurança. Afinal, o que afeta o outro afeta a você também. Você é responsável pelo outro, e não pode fechar os olhos e dizer: "Estou a salvo em Bangalore." Obviamente, isso é sinal de uma visão curta e de um pensamento estúpido.

A família torna-se uma ameaça quando existe isolamento entre marido e mulher, entre pais e filhos, porque a família então encoraja o isolamento geral; mas se os muros do isolamento se quebrarem na família, você estará em comunhão não apenas com sua esposa e filhos mas também com seu vizinho. A família não viverá enclausurada, limitada; ela não será um refúgio, uma fuga. O problema, portanto, não é dos outros, mas seu.

Poona, 1º de Setembro de 1948

Questionador: Tendo em vista a guerra e a possível devastação atômica da humanidade, não parece fútil nos concentrarmos na mera transformação individual?

Krishnamurti: A questão é complexa e exige análise cuidadosa. Espero que vocês tenham paciência suficiente para que avancemos juntos passo a passo e não nos detenhamos no meio do caminho. As causas da guerra são bastante óbvias; até mesmo um garoto de escola consegue vê-las — cobiça, nacionalismo, a busca de poder, divisões geográficas e nacionais, conflitos econômicos, estados soberanos, patriotismo, uma ideologia — da esquerda ou da direita — tentando se impor sobre outra, e assim por diante. Essas causas são produzidas por você e por mim. A guerra é a expressão espetacular de nossa existência diária. Nós nos identificamos com determinado grupo nacional, religioso ou racial porque ele nos dá a sensação de poder, mas o poder inevitavelmente traz a catástrofe. Você e eu somos os responsáveis pela guerra, e não Hitler, Stálin ou qualquer outro superlíder. É conveniente afirmar que os responsáveis pela guerra são os capitalistas ou os governantes loucos. No fundo, todos querem ser ricos; todos querem poder. Estas são as causas da guerra, pela qual eu e você somos responsáveis.

Acho que já está muito claro que a guerra é o resultado de nossa existência diária, apenas de forma mais espetacular, mais sangrenta. Já que estamos todos tentando acumular posses, juntar dinheiro, naturalmente criamos uma sociedade com fronteiras, limites e tarifas alfandegárias; e quando uma nacionalidade isolada entra em conflito com outra, inevitavelmente vem a guerra — isso é um fato. Não sei se já pensaram neste problema de alguma forma. Estamos frente à guerra, e precisamos — não é mesmo? — descobrir quem é o responsável por ela. Não há dúvida de que um homem são perceberá sua responsabilidade e dirá: "Veja, eu estou criando esta guerra. Vou deixar de ser nacionalista. Não vou ter patriotismo, nacionalidade. Não vou ser hindu, muçulmano ou cristão, mas sim um ser humano." Isso exige certa clareza de pensamento e percepção que a maioria não quer ter. Se você pessoalmente se opõe à guerra — mas não em função de um ideal, porque os ideais são impedimento à ação direta —, o que deve fazer? Em primeiro lugar, é preciso limpar a mente, despir-se de todas as causas da guerra, tais como a cobiça. Portanto, uma vez que você é responsável pela guerra, é importante libertar-se de suas causas. Isso significa, entre outras coisas, que você precisa deixar de ser nacionalista. Quer fazer isso? É óbvio que não, porque você gosta de ser chamado de hindu, brâmane ou qualquer que seja o seu rótulo. Isso significa que você adora o rótulo e prefere isso a viver de forma saudável e racional; por isso, você vai ser destruído, quer queira, quer não.

O que deve fazer a pessoa que quer se libertar das causas da guerra? Como agir para acabar com a guerra? O impulso de cobiça, o poder do nacionalismo, que cada ser humano pôs em movimento — podem ser interrompidos? É óbvio que não. A guerra só pode terminar quando a Rússia, os Estados Unidos e todos nós nos transformarmos imediatamente e dissermos que não teremos mais nacionalismos; não seremos russos, americanos, hindus, muçulmanos, alemães ou ingleses, mas seres humanos; seremos seres humanos se relacionando, tentando viver juntos alegremente. Se as causas da guerra forem erradicadas da mente e do coração, não haverá guerras. Mas o impulso de poder ainda está em movimento. Vou dar um exemplo. Se uma casa está pegando fogo, o que fazemos? Tentamos salvar o máximo que pudermos, e em seguida analisamos as causas do fogo. Descobrimos o tipo adequado de tijolo, o material não-inflamável ideal, um tipo de construção mais aprimorada, etc., e construímos uma casa nova. Em outras palavras, abandonamos a casa em chamas. Da mesma maneira, quando uma civilização está desmoronando, se destruindo, os homens sãos, percebendo que não podem fazer nada a respeito, passam a construir uma nova, que não irá pegar fogo. Não há dúvida de que esta é a única maneira de agir, é o único método racional — não meramente reformar a casa velha, remendar a casa queimada.

Bem, mas se eu quisesse reunir, desse grupo e de outros, todos aqueles que se sentem verdadeiramente livres das causas da guerra, o que aconteceria? Ou seja, será que a paz pode ser organizada? Perceba o que isso significa, veja o que a organização da paz envolve. Uma das causas da guerra é o desejo de poder — individual, grupal e nacional. O que acontecerá se formarmos uma organização pela paz? Nós nos tornaremos um ponto focal de poder, e a busca do poder é uma das causas da guerra. No momento em que nos organizarmos pela paz, inevitavelmente atrairemos o poder; e, quando tivermos poder, mais uma vez criaremos as causas da guerra. Então, o que devo fazer? Percebendo que uma das causas da guerra é o poder, devo me opor à guerra — o que criaria mais poder. No próprio processo de oposição, não estarei criando poder? Portanto, meu problema é bem diferente. Não se trata de organização. Não posso falar a um grupo, mas apenas a você como indivíduo, mostrar a você as causas da guerra. Você e eu como indivíduos devemos dedicar nosso pensamento a isso e não atribuir a tarefa a outros. Certamente, como numa família, quando existe afeto, quando há compaixão, não é preciso organização para haver paz. O que precisamos é de compreensão e cooperação mútuas. Quando não existe amor, a conseqüência inevitável é a guerra.

Para compreender o problema complexo da guerra é preciso abordá-lo de forma simples. E abordá-lo de forma simples é compreender o próprio relacionamento com o mundo. Neste relacionamento há um senso de poder, de dominação, e esse relacionamento inevitavelmente cria uma sociedade baseada no poder, na dominação, o que por sua vez produz a guerra. Eu vejo isso com clareza; mas, se contar isso a dez pessoas e organizá-las, o que terei feito? Terei criado poder, não é mesmo? Não há necessidade de nenhuma organização: ela é o elemento de poder que produz a guerra. É preciso haver indivíduos que se oponham à guerra, mas ao reuni-los em uma organização ou em torno de um credo, você estará agindo da mesma forma que o fomentador de guerras. A maioria de nós se satisfaz com palavras, vivemos pelas palavras, sem significado, mas se examinarmos o problema cuidadosamente, com muita clareza, ele próprio fornecerá a resposta. Você não precisa procurá-la. Por isso, cada um de nós precisa se dar conta das causas da guerra, e todos precisam se libertar delas.

Q: Em vez de ter discussões minuciosas sobre questões tais como ser e vir-a-ser, por que o senhor não se aplica a alguma das questões efervescentes do país e nos mostra uma maneira de sair dela? Qual a sua posição, por exemplo, quanto à questão da unidade entre hindus e muçulmanos, ou a amizade entre Paquistão e Índia, ou a rivalidade entre brâmanes e não-brâmanes? O senhor nos prestará um grande serviço se puder indicar uma solução efetiva para estes difíceis problemas.

K: Se deve ou não haver união entre hindus e muçulmanos é um problema análogo ao que os seres humanos de todo o mundo estão vivendo. Será que são problemas difíceis — ou são problemas infantis e imaturos? Você os chama de questões efervescentes do momento? Por certo, deveríamos já ter superado esse tipo de assunto tão infantil. Quando você afirma ser hindu e declara pertencer a determinada religião, será que você está discutindo por causa de palavras? O que você entende por Hinduísmo? Um grupo de crenças, dogmas, tradições e superstições. A religião é uma questão de crença? A religião é a busca da verdade, com certeza, e as pessoas religiosas não são aquelas que têm tais idéias estúpidas. O homem que busca a verdade é um homem religioso, e não necessita de rótulos — hindu, muçulmano ou cristão. Por que nos damos esses nomes? Porque não somos religiosos de verdade. Se tivéssemos amor, compaixão em nossos corações, não daríamos a menor importância aos rótulos — e isto é religião. É porque nossos corações estão vazios que eles se preenchem com essas infantilidades — às quais você dá o nome de efervescentes! Isso é muito imaturo. Deve haver brâmanes e não-brâmanes? — são problemas efervescentes, ou são apenas um anteparo atrás do qual você se esconde? Afinal de contas, quem é um brâmane? Certamente não é aquele que usa o fio sagrado. Um brâmane é uma pessoa que compreende, que não possui autoridade na sociedade, independente da sociedade, não tem cobiça, não busca poder, vive imune a todo tipo de poder — uma tal pessoa é um brâmane. Será que você e eu somos assim? É óbvio que não. Por que então nos designarmos por um rótulo que não tem significado? Você se dá este rótulo porque é conveniente; isso lhe confere uma posição na sociedade. Um homem são não pertence a grupo nenhum; não busca posição na sociedade, isso só produziria guerra. Se você na verdade fosse são, seu rótulo não teria importância; você não adoraria o rótulo. Mas os rótulos e palavras tornam-se importantes para o coração vazio. Porque seu coração está vazio, você se amedronta e quer matar os outros. Na verdade, trata-se de um problema absurdo a questão de hindus e muçulmanos. Quando você vê pessoas imaturas fazendo grande confusão, o que você faz? De nada adianta bater na cabeça delas. Ou você tenta ajudá-las ou se afasta para deixá-las livres para fazer sua confusão. Elas gostam de seus brinquedos, então você se retira e constrói uma nova sociedade, uma nova cultura. O nacionalismo é um veneno, o patriotismo é uma droga e os conflitos do mundo são formas de se desviar do relacionamento direto com as pessoas. Se você compreender isso, poderá ainda assim se entregar a isso? Se você enxerga com clareza, não há divisão entre hindus e muçulmanos. Nosso problema, portanto, é mais amplo, e não vamos nos perder em questões estúpidas quando temos à nossa frente os verdadeiros assuntos da vida.

Esses assuntos verdadeiros estão bem próximos de nós, na batalha entre você e eu, entre marido e esposa, entre você e seu vizinho. É a partir de nossas vidas pessoais que nós criamos a confusão, as disputas entre brâmanes e não-brâmanes, entre hindus e muçulmanos. Você e eu contribuímos para a confusão e somos diretamente responsáveis, e não alguns líderes. Uma vez que a responsabilidade é nossa, precisamos agir, temos que pensar adequadamente; e para pensar adequadamente, é indispensável deixar de lado as infantilidades, tudo aquilo que sabemos ser falso e sem significado. Para nos tornarmos seres humanos maduros, precisamos pôr de lado os brinquedos absurdos do nacionalismo, da religião organizada, de seguir um líder político ou religioso. Eis nosso problema. Se você é sincero e leva isso a sério, por certo vai se libertar das infantilidades, de se dar determinados rótulos, sejam eles nacionais, políticos ou religiosos; e só assim teremos um mundo pacífico. Mas se você se limitar a escutar, sairá daqui e fará exatamente o que vinha fazendo antes. Sei que você ri — e aí está a desgraça. Você não se interessa em acabar com a guerra; não está verdadeiramente interessado em ter paz no mundo.

Estamos todos à beira de um precipício. A civilização em que o homem acreditou pode ser destruída por inteiro; tudo aquilo que produzimos e cultivamos com carinho — tudo está ameaçado. Para salvar os homens do precipício é preciso uma revolução verdadeira — não uma revolução sangrenta, mas uma revolução de regeneração interior. Não pode haver regeneração sem autoconhecimento. Sem conhecer a si mesmo, você nada pode fazer. Precisamos repensar cada problema; para tanto, precisamos nos libertar do passado, e isso significa que o processo de pensamento precisa ser interrompido. Nosso desafio é compreender o presente em sua enormidade com suas catástrofes e desgraças inevitáveis — precisamos enfrentar isso como se fosse pela primeira vez. Nada de original pode surgir se continuarmos a carregar o passado, se analisarmos o presente através do processo de pensamento. Eis por que, para compreender um problema, o processo de pensamento deve ser interrompido. Quando a mente está em silêncio, quieta, tranqüila — só então o problema pode ser resolvido. Portanto, é importante compreender a si mesmo. Você e eu precisamos ser o sal da terra, professando um novo pensamento, uma nova felicidade.

Bombaim, 19 de Fevereiro de 1950

Questionador: Por meio de movimentos tais como as Nações Unidas e as Conferências Mundiais da Paz, os homens de todo o mundo vêm desenvolvendo um esforço coletivo e individual para evitar uma terceira guerra mundial. Em que a sua tentativa difere da deles? Você espera ter resultados satisfatórios? É possível evitar a guerra?

Krishnamurti: Vamos primeiro organizar os fatos óbvios e em seguida nos aprofundaremos na questão. Podemos evitar a guerra? O que você acha? Os homens vivem propensos a se matar uns aos outros; você está propenso a matar seu próximo — talvez não com a espada, mas você o explora, política, religiosa e economicamente. Existem divisões sociais, comunais e de língua, mas será que você não está dando atenção exagerada a isso? Vocês não querem evitar a guerra porque alguns vão ganhar dinheiro com ela. Os espertos ganharão dinheiro, e os estúpidos também vão querer ganhar mais. Pelo amor de Deus, vejam a feiúra, a crueldade disso! A partir do momento em que vocês estabeleceram a meta de ganhar a qualquer custo, o resultado passou a ser inevitável. A terceira guerra mundial surge da segunda, a segunda originou-se da primeira, e a primeira guerra foi conseqüência de guerras anteriores. Até que se tenha acabado com a causa, o mero remendar dos sintomas não tem significado nenhum. Uma das causas da guerra é o nacionalismo, os governos soberanos, e toda a feiúra que acompanha tudo isso — poder, prestígio, posição e autoridade. Mas a maioria de nós não deseja pôr fim à guerra porque nossas vidas são incompletas, toda a nossa existência é um campo de batalha, um conflito infindável, não apenas com a própria esposa, o marido ou o vizinho, mas com nós mesmos — a luta constante para vir a ser algo. Essa é nossa vida, da qual a guerra e a bomba de hidrogênio não passam de meras projeções, violentas e espetaculares. Enquanto não compreendermos a plena significação de nossa existência e produzirmos uma transformação radical, não haverá paz no mundo.

O segundo problema, bem, esse é dificílimo, exige maior atenção — o que não significa que o primeiro não seja importante. A questão é que a maioria de nós dedica pouquíssima atenção à transformação de nós mesmos porque *não queremos* nos transformar. Vivemos contentes e não queremos ser perturbados. Estamos satisfeitos em prosseguir tal como somos, e eis por que continuamos a mandar nossos filhos para a guerra, eis por que é preciso haver treinamento militar. Todos vocês querem salvar suas contas bancárias, apegar-se a suas propriedades — tudo em nome da não-violência, em nome de Deus e da paz, na verdade um amontoado de tolices hipócritas. O que entendemos por paz? Você diz que a ONU vem tentando estabelecer a paz organizando suas nações-membros, o que quer dizer que ela procura equilibrar o poder. E isso é buscar a paz?

Em seguida temos o agrupamento dos indivíduos em torno de uma certa idéia de paz. Ou seja, o indivíduo resiste à guerra de acordo com a moral ou as idéias econômicas que adota. Colocamos a paz numa base moral ou numa base racional. Dizemos que é necessário ter paz porque a guerra não é lucrativa: é a razão econômica; ou dizemos que precisamos da paz porque é imoral matar, é contra a religião, o homem é divino em sua natureza e não pode ser destruído, e assim por diante. Assim, há todas essas explicações de por que não deveríamos ter guerras; de um lado as razões religiosas, morais, humanitárias ou éticas para ter paz, e de outro as razões racionais, econômicas e sociais.

Mas, pergunto, a paz vem da mente? Se você tem uma razão, um motivo para ter paz, será que isso promoverá a paz? Se me abstenho de matar porque acredito que isso é imoral, será isso pacífico? Se, por razões econômicas, não vou para o exército porque acredito não ser vantajoso, será isso pacífico? Se baseio minha paz em um motivo, em uma razão, poderá isso trazer a paz? Se eu amo você porque você é bonito, porque seu corpo me agrada, isso é amor? Isso é de grande importância. A maioria de nós cultivou tanto a mente, somos tão intelectuais, que queremos encontrar razões para não matar, e tais razões são o poder devastador da bomba atômica, os argumentos morais e econômicos em favor da paz, etc.; e acreditamos que quanto mais argumentos tivermos para não matar, mais haverá paz. Mas será possível alcançar a paz por meio de uma razão? Será possível transformar a paz em uma causa? Será que a própria causa não é parte do conflito? Será a não-violência, a paz, um ideal a ser buscado e por fim obtido através de um processo gradual de evolução? Todas essas são razões, racionalizações, não é mesmo?

Assim, se estiver disposto a pensar, nossa questão, na verdade, é saber se a paz é resultado, é conseqüência de uma causa, ou se a paz é um estado de ser, não no futuro nem no passado, mas agora. Se a paz, a não-violência, é um ideal, certamente isto indica que você na verdade é violento; você não é pacífico. Você *quer* ser pacífico, e você descobre razões pelas quais *deveria* ser pacífico; e, satisfeito com as razões, você permanece violento. Na verdade, um homem que quer a paz, que vê a necessidade de ser pacífico, não tem nenhum ideal acerca da paz. Ele não faz nenhum ideal acerca da paz. Ele não faz nenhum esforço para se tornar pacífico, mas enxerga a necessidade, a verdade de ser pacífico. Só o homem que não vê a importância, a necessidade, a verdade de ser pacífico, faz da não-violência um ideal — o que na realidade é um adiamento da paz. É isso que você está fazendo: todos vocês adoram o ideal da paz e ao mesmo tempo apreciam a violência. Vocês riem; vocês se divertem com facilidade. Trata-se de outro passatempo; e quando se retirarem deste encontro, continuarão exatamente como antes! Será que vocês esperam alcançar a paz por meio de argumentos fáceis e conversa fiada? Vocês não terão a paz porque não querem a paz; não estão interessados nela; não enxergam a importância, a necessidade de ter paz agora, não amanhã. Só quando não tiverem motivos para ter paz é que vocês terão paz.

Enquanto tiverem uma razão para viver, vocês não estarão vivendo, não é verdade? Você só vive quando não há razão, não há causa — você apenas vive. Do mesmo modo, enquanto você tiver uma razão para ter paz, você não terá paz. A mente que inventa uma razão para ser pacífica está em conflito, e uma tal mente produzirá o caos e o conflito no mundo. Pense bem a respeito e verá. Como a mente que inventa motivos para a paz pode ser pacífica? Você pode ter argumentos e contra-argumentos muito sábios, mas será que a própria estrutura da mente não está baseada na violência? A mente é resultado do tempo, do ontem, e está sempre em conflito com o presente; mas o homem que quer mesmo ser pacífico não procura razões para isso. Para o homem pacífico, não existem razões para a paz. Existem razões para a generosidade? Quando você é generoso por um motivo, será isso generosidade? Quando um homem renuncia ao mundo para alcançar Deus, para alcançar algo maior, será isso uma renúncia? Se eu abro mão disso para alcançar aquilo, terei eu, na verdade, renunciado a algo? Se sou pacífico por essa ou aquela razão, terei eu encontrado a paz?

Sendo assim, não será a paz algo bastante distante da mente e das invenções da mente? A maioria de nós, a maioria das pessoas religiosas com suas organizações, atingem a paz através da razão, através da disciplina, através do conformismo, porque não há uma percepção direta da necessidade, da verdade de ser pacífico. O verdadeiro estado de paz não é estagnação; ao contrário, é um estado dos mais ativos. Mas a mente só pode conhecer a atividade de sua própria criação, que é o pensamento; e o pensamento não pode nunca ser pacífico; o pensamento é dor; o pensamento é conflito. Como só conhecemos dor e desgraças, tentamos encontrar meios de ultrapassá-las, mas tudo o que a mente cria só faz aumentar sua própria desgraça, seu próprio conflito, seu próprio antagonismo. Você dirá que poucos de nós compreendem isso, que poucos serão pacíficos no sentido exato da palavra. Por que diz isso? Não será porque essa é uma fuga conveniente para você? Você diz que a paz jamais pode ser atingida da forma que estou falando; é impossível. Portanto, você necessita de motivos para a paz; você precisa ter organizações para a paz; você precisa ter propaganda inteligente para a paz. Mas todos esses métodos não passam de meros adiamentos da paz.

Só quando você está em contato direto com o problema, quando vê que sem paz hoje você não poderá ter paz amanhã, quando você não tem razões para a paz mas percebe que sem paz a vida não é possível, a criação não é possível, que sem a paz não pode haver felicidade — só quando você enxergar a verdade disso você poderá ter paz. Então, você terá paz sem precisar de nenhuma organização. Para isso você precisa ser vulnerável, precisa buscar a paz no fundo do coração, precisa encontrar a verdade disso por você mesmo, não por meio de organizações, de propaganda, de argumentos inteligentes em favor da paz e contra a guerra. A paz não é a negação da guerra. A paz é um estado de ser no qual cessaram todos os conflitos e problemas; não é uma teoria, não é um ideal a ser atingido após dez encarnações, dez anos ou dez dias. Enquanto a mente não tiver compreendido sua própria atividade, ela só criará mais desgraças; e a compreensão da mente é o começo da paz.

Conversa com os Estudantes na Rajghat School, 22 de Janeiro de 1954

Questionador: O que é o conflito, e como ele surge em nossa mente?

Krishnamurti: Você quer ser o capitão do time de *cricket*, mas existe alguém melhor do que você. Você não gosta disso. Então você tem um conflito. Você quer algo, você não pode, e disso surge o conflito. Se você conseguir obter o que quer, o problema será conservar isso que você obteve; então você luta de novo ou quer algo mais. E sempre existirá um conflito, pois você estará sempre querendo algo. Se você é um funcionário do escritório, você quer chegar a ser gerente; se você tem uma bicicleta, você quer um carro, e assim por diante; se você vive em desgraça, você quer ser feliz.

Então, o importante não é o que você quer, mas sim o que você é. Compreender o que você é, penetrar nisso, enxergar todas as implicações do que você é — isso o liberta do conflito.

Rajghat, 9 de Janeiro de 1955

Questionador: E sobre a bomba atômica e a bomba de hidrogênio? Podemos falar sobre isso?

Krishnamurti: Isso inclui todo o problema da guerra e de como impedi-la. Podemos discutir o assunto de modo a iluminar nossas mentes? Ou seja, examinar a fundo e com seriedade a questão, ir até o fim e descobrir a verdade completa sobre ela?

O que entendemos por paz? Será a paz o oposto, a antítese da guerra? Se não houvesse a guerra, teríamos a paz? Estamos mesmo buscando a paz, ou será que aquilo a que damos o nome de paz não é um mero espaço entre duas atividades contraditórias? Será que queremos mesmo a paz, não apenas em um nível, econômico ou espiritual, mas de forma total? Ou será que estamos em permanente guerra dentro de nós mesmos e, por conseqüência, externamente? Se queremos impedir a guerra é preciso, é claro, adotar certas medidas, as quais impliquem que não se tenha fronteiras na mente, porque a crença cria inimigos. Se você acredita no comunismo e eu acredito no capitalismo, ou se você é hindu e eu sou cristão, obviamente haverá antagonismo entre nós. Assim, se você e eu queremos a paz, não precisaremos abolir todas as fronteiras da mente? Ou será que só queremos a paz em termos de satisfação, mantendo o *status quo* depois de atingir determinado resultado?

Veja, na minha opinião, é impossível que indivíduos impeçam a guerra. A guerra é como um mecanismo gigantesco que, tendo sido colocado em movimento, adquire um impulso próprio; provavelmente prosseguirá, e nós seremos esmagados e destruídos no processo. Mas se alguém quer pular fora desse mecanismo, de toda essa maquinaria de guerra, o que deve fazer? Eis o problema. Queremos mesmo acabar com a guerra, interior e exteriormente? Afinal de contas, a guerra não passa da expressão dramática de nossa luta interior, não é verdade? E será cada um de nós capaz de não ser ambicioso? Porque enquanto permanecermos ambiciosos, seremos implacáveis, o que inevitavelmente produz conflito entre nós e os outros, bem como entre um grupo ou uma nação e a outra. Isso indica, na verdade, que enquanto você e eu estivermos buscando poder de qualquer modo que seja — e o poder significa o mal —, produziremos guerras. E será possível para cada um de nós investigar o processo da ambição, da competição, de querer ser alguém no campo do poder, e dar fim a isso? Parece-me que só assim poderemos nós como indivíduos romper com esta cultura, com esta civilização promovedora de guerras.

Podemos nós como indivíduos dar fim dentro de nós mesmos às causas da guerra? Uma dessas causas, obviamente, é a crença, crença que nos separa em hindus, budistas, cristãos, comunistas ou capitalistas. Podemos colocar tudo isso de lado?

Q: Todos os problemas da vida são irreais, mas deve haver algo real em que possamos nos basear. O que é essa realidade?

K: Você acha mesmo que a distinção entre o real e o irreal pode ser feita assim com tanta facilidade? Ou será que o real só surge quando começo a perceber o que é irreal? Já tentaram entender o que é o irreal? A dor é irreal? Se você perde sua conta bancária, isso é irreal? Um homem que diz, "Tudo isso é irreal, portanto vamos encontrar o real", está fugindo da realidade.

Será que você e eu podemos, em nós mesmos, pôr um fim aos fatores que interior e exteriormente contribuem para a guerra? Vamos discutir isso, não apenas de forma verbal, mas investigar de verdade, com seriedade, e verificar se podemos erradicar de nós mesmos a causa do ódio, da inimizade, esse senso de superioridade, ambição e tudo o mais. Podemos erradicar tudo isso? Se queremos mesmo a paz, tudo isso precisa ser eliminado. Se você quiser descobrir o que é real, o que é Deus, o que é a verdade, é preciso que sua mente esteja em silêncio; e será que sua mente pode estar assim, sendo você ambicioso, invejoso, cobiçoso de poder, posição e tudo o mais? E porventura não é verdade que a seriedade consiste em compreender o processo da mente e do eu que cria todos esses problemas, e dissolvê-lo?

Q: Como podemos nos descondicionar?

K: Mas eu estou lhes mostrando isso! O que é condicionamento? É a tradição que foi imposta a vocês desde a infância e as crenças, as experiências, o conhecimento que a pessoa acumulou por si mesmo. Tudo isso condiciona a mente.

Mas agora, antes de entrarmos nos aspectos mais complexos da questão, será que você pode deixar de ser um hindu, com todas as implicações que isso tem, de forma que sua mente seja capaz de pensar, de responder, não de acordo com um hinduísmo mitigado, mas de forma completamente nova? Será que pode ocorrer em você uma revolução total de maneira que a mente se torne nova, clara e, portanto, capaz de investigar? É uma questão simples. Posso fazer uma palestra a esse respeito, mas isso não terá significado algum se você se limitar a escutar e depois for embora concordando ou discordando, ao passo que se você e eu pudermos discutir o problema e examiná-lo juntos até o fim, quem sabe nossa conversa terá alguma utilidade. Será que podemos, você e eu que queremos a paz, ou que falamos a respeito da paz, eliminar de nós mesmos as causas do antagonismo e da guerra?

Q: O que podem as pessoas contra a bomba atômica e a bomba de hidrogênio?

K: As experiências com essas bombas prosseguem na Rússia, nos Estados Unidos e em outros lugares, e o que eu e você podemos fazer quanto a isso? Então, que sentido há em discutir esse assunto? Você pode tentar comover a opinião pública descrevendo nos jornais como é terrível a bomba, mas será que isso fará com que os governos suspendam ou interrompam as experiências e os testes com a bomba-H?

Eles usam a energia atômica para fins pacíficos tanto quanto para fins destrutivos e provavelmente dentro de cinco ou dez anos existirão indústrias operando à base de energia atômica; mas eles estarão também se preparando para a guerra. Eles podem limitar o uso das armas atômicas, mas o impulso da guerra está presente, e o que podemos fazer? Estão em movimento acontecimentos históricos e não creio que eu e você, vivendo aqui, possamos interromper esse movimento. Mas o que podemos fazer é algo completamente diferente. Podemos sair da atual engrenagem da sociedade, em permanente preparação para a guerra e, talvez, através de uma revolução interior total, possamos colaborar para a construção de uma nova civilização.

Afinal de contas, o que é civilização? O que é a civilização indiana ou européia? É uma expressão da vontade coletiva, não é mesmo? A vontade de muitos originou a atual civilização na Índia, e será que eu e você não podemos romper com ela e pensar de forma inteiramente diferente acerca desses assuntos? Não é responsabilidade das pessoas sérias o pensar sobre isso? É preciso que haja pessoas que enxerguem esse processo de destruição que ocorre no mundo, que o investiguem e que saiam dele no sentido de não ser ambicioso e tudo o mais. Certo? O que mais podemos fazer? Mas, veja, não queremos ser sérios; essa é a dificuldade. Não queremos nos envolver; queremos discutir algo distante, afastado.

Q: Deve haver pessoas que são bastante sérias; será que elas resolveram seus próprios problemas ou os problemas do mundo?

K: Esta não é uma pergunta séria, não é mesmo? É o mesmo que eu dizer que outros comeram enquanto eu estou faminto. Se eu estou com fome, tenho de descobrir onde está o alimento, e dizer que os outros estão bem-alimentados é irrelevante. Isso só indica que eu na verdade não estou faminto. Se existem ou não pessoas sérias que resolveram seus problemas não é importante. Você e eu resolvemos *nossos* problemas? Isso é mais importante. Será que uns poucos de nós podem discutir essa questão com seriedade e interesse e descobrir o que se pode fazer, não apenas de forma verbal e intelectual, mas na realidade?

Q: Será realmente possível para nós escapar do impacto da civilização moderna?

K: O que é a civilização moderna? Aqui na Índia existe uma cultura antiga sobre a qual foram impostas certas camadas de cultura ocidental como nacionalismo, ciência, parlamentarismo, militarismo, etc. Bem, ou seremos absorvidos por essa civilização ou devemos romper com ela e criar uma civilização completamente diferente.

É uma pena que estejamos tão ávidos a apenas escutar, porque escutamos de forma superficial, e isso parece suficiente para a maioria de nós. Por que parece ser tão difícil discutir com seriedade e eliminar de dentro de nós aquilo que origina o antagonismo e a guerra?

Q: Precisamos resolver os problemas imediatos.

K: Se você pensar no problema imediato, descobrirá que ele tem raízes profundas; é resultado de causas que residem dentro de nós mesmos. Assim, para resolver o problema imediato, não deveria você investigar os problemas profundos?

Q: Só existe um problema, que é o de descobrir qual a finalidade da vida.

K: Podemos discutir isso com seriedade? Examinar a questão completamente, de maneira a saber por nós mesmos qual a finalidade da vida? Afinal de contas, o que é a vida? Para onde nos conduz? É esta a pergunta, e não qual o objetivo da vida. Se nos limitarmos a buscar uma definição do objetivo da vida, você o definirá de uma forma e eu de outra, e escolheremos erroneamente o que acreditamos ser a melhor definição segundo nossas próprias idiossincrasias. Certamente não é a isso que se refere a pessoa que fez a pergunta. Ele quer saber qual a finalidade de toda essa luta, dessa busca, dessa batalha constante, desse juntar e separar, nascimento e morte. Ao que o todo da existência nos conduz? O que significa?

Bem, mas o que é isso a que damos o nome de vida? Conhecemos a vida apenas através da autoconsciência, não é verdade? Sei que estou vivo porque falo, penso, como, tenho diversos desejos contraditórios, conscientes ou inconscientes, inúmeras compulsões, ambições, etc. É só quando tomo consciência de tudo isso, ou seja, enquanto estou autoconsciente, que sei que estou vivo. E o que você entende por estar autoconsciente? Por certo, só estou autoconsciente quando existe algum tipo de conflito; caso contrário, fico inconsciente de mim mesmo. Quando estou pensando, fazendo um esforço, discutindo, expondo o assunto desta ou daquela forma, estou autoconsciente. A própria natureza da autoconsciência é a contradição. Tomar consciência é um processo total; é o oculto, bem como o ativo, o manifesto. Bem, mas o que significa esse processo de consciência e ao que ele conduz? Conhecemos o nascimento e a morte, a crença, a luta, a dor, a esperança, conflitos infindáveis. Qual o significado de tudo isso? Só se pode descobrir o verdadeiro significado quando a mente é capaz de investigar, ou seja, quando não está aferrada a nenhuma conclusão.

Q: Trata-se de investigação ou reinvestigação?

K: Só existe reinvestigação quando a mente está agrilhoada, repetitiva e, portanto, está constantemente se reinvestigando. Para ser livre para investigar, para descobrir o que é verdadeiro, é indispensável que a mente não esteja presa pelos laços de quaisquer juízos. Mas será que você e eu podemos descobrir qual o significado de toda essa luta, com todas as suas ramificações? Se essa é a intenção de alguém e essa pessoa é autêntica e interessada, pode a mente dessa pessoa ter quaisquer convicções a respeito? Não será preciso estar aberto a essa confusão? Não será preciso investigar com a mente liberta para se descobrir o que é verdadeiro? Assim, o que é importante não é o problema em si, mas verificar se é possível para a mente libertar-se para investigar e descobrir o que é verdadeiro.

Pode a mente ficar livre de todos os juízos? Um juízo é mera resposta a um determinado condicionamento, não é mesmo? Vejamos o conceito de reencarnação. Não importa saber se a reencarnação é um fato ou não. Por que temos esse conceito? Será porque a mente tem medo da morte? E essa mente, com determinadas convicções geradas pelo medo, pela esperança, pelos anseios, é obviamente incapaz de descobrir o que há de verdadeiro em relação à morte. Então, se somos realmente autênticos, nosso desafio inicial, anterior até mesmo à pergunta sobre o significado de todo este processo de vida, é descobrir se a mente pode libertar-se de todos os juízos.

Ojai, 6 de Agosto de 1955

Questionador: Todos os problemas parecem surgir do desejo, mas será possível ficar livres do desejo? Será o desejo algo inerente a nós ou será um produto da mente?

Krishnamurti: O que é o desejo? E por que separamos o desejo da mente? Qual é a entidade que afirma: O "desejo cria problemas; portanto, preciso me libertar do desejo"? Precisamos compreender o que é o desejo, e não perguntar como nos libertar dele, por que ele cria problemas, ou se é um produto da mente. Como surge o desejo? Vou explicar e vocês verão, mas não se limitem a escutar minhas palavras. Sintam e vivam realmente aquilo de que estamos falando à medida que avançarmos, e assim isso terá significado.

Como o desejo torna-se realidade? Sem dúvida, ele faz isso através da percepção ou da visão, contato, sensação, e por fim, desejo. Primeiro você vê um carro, a seguir existe o contato, a sensação e, finalmente, o desejo de possuir aquele carro, de dirigi-lo. Por favor, acompanhem isso lentamente, com paciência. Em seguida, na tentativa de obter o carro, que é o desejo, há o conflito. Assim, na própria satisfação do desejo existe conflito; existe dor, sofrimento, alegria; e você quer conservar o prazer e se livrar da dor. Isso é o que na verdade vem se passando com cada um de nós. A entidade criada pelo desejo, a entidade identificada com o prazer, diz: "Preciso me livrar daquilo que não é agradável, do que é doloroso." Jamais dizemos: "Preciso me livrar da dor e do prazer." Queremos reter o prazer e eliminar a dor, mas o desejo cria ambos. O desejo, que surge através da percepção, do contato e da sensação, identifica-se com o "eu" que quer se agarrar ao que dá prazer e eliminar o que é doloroso. Mas tanto o doloroso quanto o agradável são resultados do desejo, o qual é função da mente; ele não existe fora da mente; e enquanto existir uma entidade que diz: "Quero manter isso e me livrar daquilo", haverá conflito. Pelo fato de querermos nos livrar de todos os desejos dolorosos e nos apegar aos que são agradáveis, que valem a pena, jamais consideramos a questão do desejo por inteiro. Quando dizemos: "Preciso me libertar do desejo", quem é a entidade que tenta se libertar de algo? Não será essa entidade também resultado do desejo?

Por favor, é preciso que vocês tenham uma paciência infinita para compreender esses assuntos. Para perguntas fundamentais não existe a resposta absoluta "sim" ou "não". O importante é propor uma questão fundamental não para obter uma resposta; e se formos capazes de olhar a questão fundamental sem buscar uma resposta, a própria observação do fundamental nos traz a compreensão.

Nosso problema então não é saber como nos libertar dos desejos que são dolorosos e conservar aqueles que nos dão prazer, e sim compreender a inteira natureza do desejo. E isso levanta a seguinte pergunta: o que é conflito? E o que é a entidade que vem sempre tentando escolher entre o agradável e o doloroso? A entidade a quem damos o nome de "eu", o *self*, o ego, a mente que diz: "Isso é prazer; isso é dor. Vou me aferrar ao agradável e rejeitar o doloroso" — não é essa entidade, ela mesma, desejo? Mas se formos capazes de olhar por inteiro o campo do desejo, e não em termos de conservar ou ficar livres de algo, descobriremos que o desejo tem significado bem diferente.

O desejo cria a contradição, e a mente plenamente alerta não gosta de viver em contradição; portanto, ela tenta se livrar do desejo. Mas se a mente pode compreender o desejo sem tentar varrê-lo para longe, sem dizer: "Esse é um desejo melhor, e esse é pior. Vou manter esse e me livrar do outro", se pode se dar conta de todo o campo do desejo sem rejeitar, escolher, condenar, você verá que a mente é desejo, não está separada do desejo. Se você na verdade compreender isso, a mente se torna silenciosa. Os desejos vêm, mas não produzem mais impacto; não possuem mais grande significado; não lançam raízes na mente nem criam problemas. A mente reage — de outra forma não estará viva —, mas a reação é superficial e não cria raízes. Por isso, é importante compreender por inteiro o processo do desejo no qual a maioria de nós está envolvida. Assim envolvidos, sentimos a contradição, a infinita dor que há nisso; lutamos contra o desejo e a luta cria a dualidade. Se pudermos olhar o desejo sem julgamento, avaliação ou condenação, descobriremos que ele não cria mais raízes. A mente que oferece solo para problemas jamais descobrirá aquilo que é real. A questão não é como resolver o desejo e sim compreendê-lo, e só se pode fazer isso quando não há a condenação dele.

Nova Delhi, 27 de Outubro de 1963

Antes de entrar na questão do conflito e de discutirmos se é ou não possível libertar-se dele, precisamos, assim me parece, compreender a estrutura das palavras, o sentido que damos a uma determinada palavra, e descobrir, tomando consciência da palavra, como a mente ficou enredada numa teia formada por elas. Porque vivemos, a maioria de nós, por fórmulas, conceitos, sejam eles criados por nós ou impostos pela sociedade, aos quais damos o nome de ideais, e que indicam a necessidade que temos de viver segundo certos padrões. Se examinar essas fórmulas, idéias e conceitos, você verá que não passam de palavras, e todas essas palavras controlam nossas atividades, modelam nossos pensamentos, fazem com que nos sintamos de determinada maneira. As palavras condicionam nosso pensamento, nosso ser.

A mente aprisionada pelas palavras é incapaz de se libertar. Funcionando segundo o padrão de uma fórmula ela estará, obviamente, condicionada, escravizada. Ela é incapaz de pensar de modo original e novo — e a maior parte de nosso pensamento, a maior parte de nossa atividade, nossos pensamentos, estão dentro dos limites de palavras e fórmulas. Tomemos uma palavra como *Deus* ou *amor*. Imagens e fórmulas extraordinárias surgem em sua mente! O homem que quer saber se Deus existe, empenhado em descobrir o significado do amor, deve certamente se libertar de todos os conceitos, de todas as fórmulas. Mas como libertar-se das fórmulas e dos conceitos se a mente se recusa a romper com tudo isso porque tem medo? O medo se esconde nas palavras, e nós brigamos por causa de palavras. Assim, a primeira atitude a ser tomada pelo homem empenhado em investigar isso com seriedade, de maneira a poder descobrir se existe ou não determinada realidade, algo que esteja além do alcance das palavras, é compreender plenamente as palavras e se libertar das fórmulas.

*

Quero discutir agora o conflito interior e exterior e saber se é possível, de alguma forma, vivendo neste mundo, ficar completamente livre dos conflitos. Ficar livre de conflitos — será isso possível? Não digam "Sim" ou "Não". A mente autêntica não adota tal posição; ela investiga, e é preciso que a mente esteja liberta do conflito que gera confusão, contradição, inúmeras formas de neurose. Se não estiver livre de tal confusão, como pode a mente enxergar, compreender, observar? Ela só pode fazer girar um amontoado de palavras acerca da verdade, não-violência, Deus, bem-aventurança, Nirvana — mas elas não possuem significado algum.

A mente que quer encontrar a realidade deve se libertar do conflito em todos os níveis da consciência — o que não significa ir em busca da paz, retirar-se do mundo, ir para um mosteiro ou meditar sob uma árvore; isto não passa de fuga. Ela precisa se libertar completamente, em todos os níveis de consciência, de todos os conflitos, e desta maneira a mente fica clara. Só a mente clara pode se libertar, e só estando em completa liberdade poderá você descobrir o que é verdadeiro.

Sendo assim, temos que investigar a anatomia, a estrutura do conflito. Vocês não estão me escutando, estão escutando as próprias consciências. Vocês estão escutando, observando, vendo os conflitos em suas próprias vidas — seja no escritório, com sua esposa ou marido, seus filhos, seus vizinhos, seus ideais — observando seus próprios conflitos. Porque estamos preocupados com a revolução em você, não em mim, revolução radical dentro de cada um de nós, na mais profunda raiz do próprio ser. De outra forma a mudança é superficial, é ajustamento sem nenhum valor. O mundo está experimentando mudanças gigantescas, não apenas tecnológicas mas também morais e éticas; e adaptar-se simplesmente a uma mudança não produz clareza de visão, clareza de mente. O que dá à mente extraordinária limpidez é ela compreender a totalidade do processo do conflito dentro e fora; e essa própria compreensão traz a libertação. Uma mente assim é clara, e nessa claridade existe beleza. Essa mente é a mente religiosa, não a mente impostora que vai à igreja, repete incessantes palavras, executa cerimônias dez mil vezes — elas não têm mais nenhum significado.

O que queremos, portanto, é compreender o conflito — não como se livrar do conflito, não como substituí-lo por uma série de fórmulas chamadas de paz ou resistir ou evitar o conflito, mas sim compreendê-lo. Espero estar sendo claro quando uso a palavra *compreender*. Você sabe, compreender algo é conviver com ele, e você não pode conviver com nada contra o que você resista, seja disfarçando através de seu medo aquilo que é um fato, ou fugindo, ou ainda se, quando você está em tremendo conflito interior, você busca a paz — que não passa de outra forma de fuga. Estou usando a palavra *compreender* em um sentido bem-determinado, a saber, enfrentar o fato de que você está em conflito e vivê-lo completamente — não evitá-lo, não fugir dele. Verificar se você pode conviver com ele, não traduzi-lo, não buscar as opiniões de todos acerca dele, mas vivê-lo.

Em primeiro lugar, existe conflito não apenas no nível consciente da mente, mas também inconscientemente, lá nas profundezas. Somos uma massa de conflitos, contradições, não apenas no nível do pensamento, mas também no nível onde o pensamento consciente não penetrou. Isso requer atenção completa de sua parte. Você está em conflito quer queira, quer não; sua vida é uma desgraça, confusão, uma seqüência de contradições — violência e não-violência. Você foi destruído pelos santos, com suas idiossincrasias particulares, padrões determinados de violência e não-violência. Para romper com tudo isso, para descobrir por você mesmo, é preciso atenção e ânsia de ir até o âmago da questão.

Tudo o que fazemos gera conflito. Não conhecemos um momento, dos tempos de escola até agora, em que não vivemos em conflito. Ir para o escritório, o que é terrivelmente aborrecido, suas preces, sua busca por Deus, sua disciplina, seus relacionamentos — tudo carrega dentro de si a semente do conflito. Isso fica bastante óbvio para o homem que quer se conhecer; ao se olhar no espelho, ele se percebe em conflito. O que faz? Quer imediatamente fugir disso ou encontrar uma fórmula que absorva o tal conflito. O que estamos tentando fazer é observar esse conflito, não fugir dele.

O conflito surge quando há contradição na nossa atividade, no nosso pensamento, no nosso ser, por fora ou por dentro. Aceitamos o conflito como uma forma de progresso. O conflito para nós é uma luta. Os ajustamentos, as repressões, os incontáveis desejos contraditórios, as inúmeras influências e necessidades contraditórias — tudo isso gera conflitos dentro de nós. Somos educados para ser ambiciosos, para fazer sucesso na vida; e onde existe ambição existe conflito — isso não quer dizer que se deva ir dormir ou ir meditar. Quando você compreender a verdadeira natureza do conflito uma nova energia brotará, uma energia não contaminada por nenhum tipo de tentativa, e é isto que vamos explorar.

Assim, em primeiro lugar, tomemos consciência de que estamos em conflito, não para transcendê-lo, não para suprimi-lo, mas apenas para conhecê-lo e não fazer nada a respeito — isso é necessário. Faremos algo a respeito disso depois, mas antes não faremos nada a respeito daquilo que você descobriu, acerca do fato de que você está em conflito, de que você vem tentando fugir por diferentes formas daquele conflito. Esse é o fato; e ao permanecer com o fato por alguns minutos, você perceberá o quanto sua mente resiste a permanecer com ele. Ela quer fugir, agir sobre ele, fazer algo a respeito. Ela não pode jamais conviver com o fato. Para compreender algo você *tem* que conviver com ele; e para conviver com ele você precisa ser extremamente sensível. Ou seja, conviver com uma bela árvore ou um quadro ou uma pessoa — conviver com ele não é se acostumar a ele. No momento em que você se acostuma com ele você perdeu sua sensibilidade em relação a ele. Isso é um fato. Se me acostumo com a montanha onde vivo minha vida toda, não mais me sensibilizam a beleza de suas linhas, a luz, a forma, seu brilho extraordinário ao amanhecer ou entardecer. Eu me acostumo a tudo isso — o que equivale a dizer que fico insensível a isso. Da mesma forma, para convivermos com o que é feio, é preciso idêntica insensibilidade. Se me acostumo com a sujeira nas ruas, com os pensamentos sujos, as situações horríveis, se suporto tudo, de novo me torno insensível. Viver com algo, seja bonito ou feio, ou que provoque sofrimento — conviver significa ser sensível a ele e não apenas se acostumar. Esse é o primeiro passo.

O conflito existe não só porque temos desejos contraditórios: toda a nossa educação, todas as pressões psicológicas da sociedade produzem em nós essa divisão, essa distinção entre o que é e o que deveria ser, entre o fato e o ideal. Estamos dominados pelos ideais. A mente que é clara não tem ideais. Ela funciona de fato a fato e não de idéia a idéia. Conhecemos o conflito não apenas no nível consciente mas também no inconsciente. Não pretendo discutir aqui o que seja consciente ou inconsciente; faremos isso outro dia. Vamos nos ocupar agora com o conflito, conflito através de todo nosso ser, nos dois níveis, consciente e inconsciente. O conflito *existe*. Bem, mas qualquer tentativa de libertação dele implica outro conflito. Isso é bastante óbvio, bastante lógico. Logo, a mente precisa descobrir uma maneira de se libertar do conflito sem nenhum esforço. Se eu resisto ao conflito ou se resisto a todos os padrões, todas as intimações existentes nos conflitos, a própria resistência é outra contradição e portanto um conflito.

Veja, vou dizer a mesma coisa de forma mais simples. Verifico que estou em conflito. Sou violento, e todos os santos e todos os livros que li me dizem que não devo sê-lo. Sendo assim, duas forças contraditórias agem sobre mim: a violência e a que me diz que não devo ser violento. Isso é uma contradição, seja ela auto-imposta ou imposta por outros. Nessa autocontradição existe conflito. Agora, se eu resisto, seja tentando compreender ou tentando evitar o conflito, ainda assim estarei em conflito. A própria resistência cria conflito. Isso é bastante claro. Para compreender e ficar livre do conflito, é preciso não haver resistência a ele, nenhuma fuga. Preciso olhar para ele, escutar todo o conteúdo do conflito — com minha esposa, meus filhos, com a sociedade, com todas as idéias que tenho. Se você afirma não ser possível nesta vida ficar livre dos conflitos, não há mais nenhum relacionamento entre você e eu. Se você afirma ser possível, mais uma vez não há relacionamento entre você e eu. Mas se você disser: "Quero descobrir; quero examinar isso; quero desmontar a estrutura do conflito que vem sendo construído em mim e do qual faço parte", você e eu temos um relacionamento; e podemos prosseguir juntos.

Toda forma de resistência e fuga dos conflitos só os faz crescer, e conflito implica confusão, brutalidade, dureza. A mente em conflito não pode ter compaixão, não pode ter a clareza da compaixão. Sendo assim, a mente precisa conhecer o conflito sem resistência, sem fuga, sem opinião sobre ele. E desse próprio modo de agir nasce uma disciplina — uma disciplina flexível, uma disciplina que não se baseia em nenhuma fórmula, nenhum padrão, nenhuma repressão. Isso é observar todo o conteúdo do conflito interior, e essa própria observação traz consigo, naturalmente e sem esforço, uma disciplina. Você precisa dessa disciplina. Estou usando o termo *disciplina* no sentido de clareza, no sentido da mente que pensa com precisão, de forma saudável; e você não pode ter a mente assim se existir conflito.

Portanto, é essencial que de início se compreenda o conflito. Talvez você diga: "Não estou livre dos conflitos. Ensine-me a acabar com eles." Esse é o padrão que vocês aprenderam. Querem que alguém lhes diga como se libertar do conflito, e vocês seguirão esse método de maneira a se libertar dele e, portanto, permanecerão com ele. Isso é bastante simples. Não existe, pois, o "como". Por favor, compreendam isso. Não existe método na vida. Você precisa vivê-la. Um homem que tem um método para atingir a não-violência ou algum estado extraordinário está preso a um mero padrão; e os padrões produzem resultados, mas não levam à realidade. Assim, ao perguntar: "Como farei para me libertar do conflito?", você está caindo novamente no velho padrão — indicando que você continua em conflito, que você não compreendeu; demonstrando mais uma vez que você não conviveu com o fato com clareza.

Sendo assim, viver em conflito implica ter a mente confusa, e você pode perceber isso a ocorrer no mundo todo. Todos os políticos estão confusos e gerando desgraças. Da mesma forma, os santos produziram desgraças no mundo. E se você for sério e quiser ficar livre dos conflitos, precisa abolir radicalmente toda autoridade que age sobre você, pois para o homem empenhado em descobrir a verdade não existe autoridade — nem o Gita, nem seus santos, nem seus líderes — ninguém.

Isso significa que você está completamente só. Estar só — isso surge quando a mente libertou-se do conflito.

Veja, a maioria de nós quer evitar a vida, e descobrimos diversos meios e métodos de evitá-la. A vida é algo total, não parcial. A vida inclui beleza, religião, política, economia, relacionamentos, brigas, a desgraça, a tortura, a agonia da existência, o desespero. Tudo isso é vida, não apenas parte disso ou um fragmento disso, e você precisa compreender essa totalidade. Isso requer uma mente saudável, clara. Eis por que você precisa ter a mente sem conflitos, sem marcas de conflito, mente que não foi arranhada. Eis por que o conflito de qualquer natureza só pode ser compreendido quando se tem ciência dele.

Quando digo "ter ciência", quero dizer observá-lo. Observar exige que você olhe sem opiniões. Você deve olhá-lo, mas não com suas idéias, seus julgamentos, suas comparações, sua condenação. Se existe condenação e resistência, você não está observando; portanto, sua preocupação não é o conflito. Você não consegue olhar nada sem uma idéia, e isso acaba se tornando um problema. Você quer observar o conflito, mas você não conseguirá observá-lo se o fizer com uma opinião, idéia ou avaliação sobre o conflito ou se resistir a ele. Você precisa cuidar então de descobrir por que você resiste — não compreender o conflito —, por que você resiste a ele. Você se afastou do conflito e se deu conta de sua própria resistência. Por que você resiste? Você pode descobrir o motivo. Para a maioria de nós, o conflito se tornou um hábito. Tornou-nos tão embrutecidos que não nos damos mais conta dele. Já o aceitamos como parte de nossa existência. Quando você chega a esse ponto, encara isso como fato, então você resiste ou tenta evitá-lo, tenta descobrir um modo de fugir disso. Mais importante do que compreender o conflito é observar o fato de que você resiste a ele — como você o evita, como produz fórmulas para isso. Você passa a observar suas fórmulas, opiniões e resistências. Tomando ciência de todas elas, você estará rompendo seu condicionamento tornando-se assim apto a enfrentar o conflito.

Dessa forma, para compreender o conflito e, portanto, para ficar livre dele, não lá no final, não no fim de sua vida, não depois de amanhã, mas agora, por inteiro — e isso pode ser feito —, é preciso uma espantosa capacidade de observação, que não deve ser cultivada porque ao cultivá-la você estará novamente em conflito. O que se requer é a percepção imediata do processo total, o conteúdo total da consciência — observação imediata e, portanto, enxergar sua verdade. A partir do momento em que enxergar essa verdade, você terá se libertado. Mas você não poderá enxergar essa verdade, qualquer que seja a forma, em qualquer nível, se tentar resistir a ela, evitá-la ou impor sobre ela certas fórmulas que aprendeu.

Isso nos lembra de uma questão importante, que é: não existe tempo para a mudança. Ou você muda agora ou nunca. Não quero dizer "nunca" no sentido ortodoxo ou no sentido cristão de "condenado para sempre". Quero dizer: você muda agora no presente ativo — esse presente ativo pode ser amanhã, mas ainda assim é o presente ativo; e só no presente ativo há uma mutação, não depois de amanhã. É importante compreender isso. Estamos habituados a uma idéia, e tentamos pôr essa idéia em ação. Primeiro formulamos lógica ou ilogicamente — na maioria das vezes ilogicamente — uma idéia ou ideal e em seguida tentamos colocá-lo em prática. Existe, pois, um hiato entre a ação e a idéia, uma contradição. A ação é o presente vivo, não a idéia. A fórmula não passa de uma fixação; o presente ativo é a ação. Assim, se você diz: "Preciso me libertar do conflito", isso se torna uma idéia. Existe um intervalo de tempo entre a idéia e a ação, e você espera que durante esse intervalo de tempo alguma ação misteriosa tenha lugar e produza uma mudança.

Se você admite o tempo, não há mudança. Compreender é imediato, e você só compreenderá se observar completamente, com todo o seu ser — escutar com todo o seu ser aquele avião, o seu zumbido, e não traduzi-lo e dizer "Isso é um avião", ou, "como isso perturba" ou "quero escutar mas aquele avião está passando"; isso então se torna uma mera distração, uma contradição, e você está perdido. Escutar aquele avião com todo o seu ser é escutar o orador com todo o seu ser. Não há diferença entre um e outro. A diferença existe quando você quer se concentrar no que está sendo dito, e isso se torna uma resistência. Se você estiver completamente *atento*, você estará ouvindo aquele avião e estará também escutando o orador.

Da mesma maneira, se você está completamente ciente de toda a estrutura, da anatomia do conflito, você verá ocorrer uma mudança imediata. Então você estará completamente livre de conflitos. Mas se você disser: "Bem, será sempre assim? Estarei sempre livre do conflito?", estará fazendo uma pergunta tola. Ela indica que você não está livre dos conflitos, não compreendeu a sua natureza. Você só quer conquistá-los e ficar em paz.

A mente que não compreendeu o conflito jamais poderá estar em paz. Ela pode fugir para uma idéia, uma palavra chamada paz, mas isso não é paz. Ter paz exige clareza, e a clareza só pode surgir quando não há conflito de espécie alguma — o que não é um processo de auto-hipnose. Só a mente que compreendeu o conflito com toda a sua violência, com toda a sua loucura — e a não-violência é uma forma de loucura porque a mente não compreendeu a violência —, pode avançar bastante. A mente que se esforça por tornar-se não-violenta é violenta. A maioria de nossos santos e mestres estão cheios de violência; eles não conhecem a clareza da compaixão. E só a mente que tem compaixão pode compreender o que existe além das palavras.

Madras, 22 de Dezembro de 1965

Será possível acabar com todos os conflitos em nossos relacionamentos — em casa, no escritório, em todas as áreas da vida? Isso não significa que vamos nos isolar ou nos tornar monges, ou nos retirar para algum canto de nossa própria imaginação e fantasia; significa viver neste mundo para compreender o conflito. Enquanto houver conflito de qualquer tipo, nossas mentes, corações e cérebros não podem funcionar a plena capacidade. Eles só podem funcionar quando não há atrito, quando há clareza. Isso só é possível quando a totalidade da mente — o organismo físico, as células do cérebro, tudo isso a que se dá o nome de mente — está em estado de não-conflito. Só então é possível ter paz.

Para compreender esse estado, precisamos compreender os conflitos que surgem no dia-a-dia, a batalha diária que travamos com nós mesmos e com nossos vizinhos, no escritório, na família, entre homem e homem, homem e mulher, e a estrutura psicológica desse conflito, o "eu" do conflito. Compreender, assim como enxergar e escutar, é das tarefas mais difíceis. Quando você afirma: "Eu compreendo", está afirmando não só que captou toda a significação do que foi dito, mas também que a própria compreensão é a ação. Você não poderá compreender se permanecer limitado a um mero entendimento verbal ou intelectual do que está sendo dito; se você se limitar a escutar intelectualmente — ou seja, verbalmente — isto não é compreensão. Ou, se você sente algo de forma meramente emocional ou sentimental, isso também não é compreensão. Você só compreende quando seu ser entende por inteiro —

ou seja, quando você não olha para nada de forma fragmentária, só intelectualmente ou só emocionalmente, mas sim de forma plena, total.

Assim, compreender a natureza do conflito não exige a compreensão do seu conflito em particular como indivíduo, mas sim a compreensão do conflito humano como um todo — nele incluídos o nacionalismo, as diferenças de classe, a ambição, a cobiça, a inveja, o desejo de posição, o prestígio, todo senso de poder, dominação, medo, culpa, ansiedade, o que envolve a morte, a meditação — a totalidade da vida. Para compreender isso, é preciso enxergar, escutar, não fragmentariamente, mas olhar o amplo mapa da vida. Uma de nossas dificuldades é o fato de funcionarmos de modo fragmentário, parcial — funcionamos como um engenheiro, como um artista, um cientista, um homem de negócios, um advogado, um físico, etc.; e cada fragmento está em luta com o outro fragmento, desprezando-o ou sentindo-se superior.

A pergunta é: como olhar a totalidade da vida de forma não-fragmentária? Quando olhamos para a totalidade da vida — não enquanto hindu, muçulmano, católico, comunista, socialista, mestre ou religioso — quando enxergamos o extraordinário movimento da vida, que inclui tudo, morte, dor, sofrimento, confusão, a incrível falta de amor e a imagem de prazer que construímos ao longo de séculos para nós mesmos, que dita os nossos valores, as nossas atividades — quando percebemos tudo isso, de forma total, então nossa reação a esta totalidade será inteiramente diferente. Essa reação, quando enxergarmos por inteiro o movimento da vida, é que produzirá uma revolução dentro de nós, revolução esta absolutamente necessária. Os seres humanos não podem continuar como estão, matando-se uns aos outros, odiando-se mutuamente, dividindo-se em países, em todas as atividades mesquinhas, pequenas, estreitas e individualistas, porque isso é certeza de novas desgraças, de mais confusão e de mais dor.

Será possível enxergar a totalidade da vida? Vida que é tal qual um enorme rio a deslizar incessantemente, sem descanso, com grande beleza, movendo-se porque tem por trás dele um grande volume de água? Podemos ver a vida assim, dessa forma total?

Só enxergando de forma total poderemos compreender algo, mas isso não será possível enquanto existir uma atividade egocêntrica guiando, moldando a nossa ação ou nossos pensamentos. É a imagem egocêntrica que se identifica com a família, com a nação, com convicções ideológicas, partidos — sejam eles religiosos ou políticos. E esse núcleo afirma que está à procura de Deus, da verdade e de todo o resto, e isso impede a compreensão da totalidade da vida como um todo. Para compreender esse núcleo, para compreender o que ele realmente é, a mente não pode estar atravancada com conceitos e convicções. Eu preciso *verdadeiramente* saber o que eu sou, e não em teoria. O que penso, o que sinto, as minhas ambições, cobiças, invejas, o desejo de sucesso, de *status*, prestígio, minha cobiça, meus sofrimentos — tudo isso é o que eu sou. Posso pensar que sou Deus, que sou algo diferente; mas isso é ainda parte do pensamento, parte da imagem que se projeta através do pensamento. Assim, a menos que você compreenda tudo isso, não segundo Sankara, segundo Buda ou segundo quem quer que seja, a menos que você veja realmente o que você é a cada dia — sua maneira de falar, de sentir, de reagir, não apenas consciente mas também inconscientemente — a menos que você lance aí as bases, como poderá ir longe? Mesmo que consiga ir longe, ainda assim isso será apenas imaginação, fantasia, logro, e você será um hipócrita.

Você precisa lançar esses alicerces — ou seja, compreender quem você é. E você só pode fazer isso ao se observar sem tentar corrigir nada, sem tentar modelar nada, sem tentar dizer que isso está certo e aquilo está errado, mas vendo o que realmente está ocorrendo — e isso não implica que você fique mais egocêntrico. Ao contrário, você se torna egocêntrico quando procura meramente corrigir o que vê, traduzindo o que vê segundo aquilo de que gosta ou de que não gosta; mas se você apenas observa, não há intensificação do núcleo.

Para enxergar a totalidade da vida é preciso grande afeição. Veja: nós nos tornamos insensíveis, e pode-se ver por quê. Em um país com superpopulação — país que é pobre, tanto interior quanto exteriormente, país que viveu com base em idéias e não em realidades, país que reverenciou o passado e cuja autoridade tem raízes no passado —, é natural que as pessoas sejam indiferentes ao que se passa na verdade. Se observarem a vocês mesmos, verificarão sua pouca afeição, e afeição significa atenção. Afeição significa o sentido da beleza, não apenas o adorno exterior. O senso de beleza só pode surgir quando há grande ternura, grande consideração, atenção que é a verdadeira essência da afeição. Quando tudo isso secou, nossos corações secaram e nós os preenchemos com palavras, idéias, citações, com o que foi dito; e quando nos damos conta dessa confusão, tentamos ressuscitar o passado, adoramos a tradição, voltamos atrás. Como não sabemos resolver a existência presente com toda a sua confusão, dizemos: "Vamos voltar; vamos voltar para o passado; vamos viver segundo algo que já morreu." Eis por que, quando confrontado com o presente, você se refugia no passado ou em alguma ideologia ou utopia, e, como seu coração está vazio, você o preenche com palavras, imagens, fórmulas e *slogans*. Observe a você mesmo, e verificará tudo isso.

Sendo assim, para produzir toda essa mudança na mente de forma natural e livre, é preciso grande e autêntica atenção. Não dedicamos toda a atenção porque temos medo do que pode ocorrer se realmente pensarmos acerca dos fatos verdadeiros e reais da nossa vida. Na verdade, temos medo de examinar; preferiríamos viver uma vida cega, sufocada, miserável, infeliz, banal e sem sentido; e, como a vida é sem significado, tentamos criar significados para ela. Mas a vida não tem significado. A vida é feita para ser vivida, e nesse próprio ato de viver passa-se a descobrir a realidade, a verdade, a beleza da vida. Para descobrir a verdade, a beleza da vida, você precisa compreender seu movimento total, e para fazer isso você precisa pôr fim a todo o pensamento fragmentário e a esse modo de viver. Você precisa deixar de ser um hindu, não apenas no nome mas interiormente; você precisa deixar de ser um muçulmano ou um budista ou um católico com todos os dogmas, porque tudo isso está dividindo as pessoas, dividindo suas mentes e seus corações.

E, é estranho, vocês ouvirão tudo isso, ouvirão durante uma hora, e irão para casa e repetirão o padrão. Repetirão o padrão sem cessar, e este padrão é baseado essencialmente no prazer.

É necessário que você examine a sua vida espontaneamente, não por influência do governo ou porque alguém mandou. Você precisa examiná-la de forma espontânea, sem condená-la, sem taxar isso de certo ou aquilo de errado. Basta olhar. E ao olhar dessa maneira, você descobrirá que olha com olhos cheios de afeição — sem condenação, sem julgamentos, mas com atenção. Você se olha com atenção e, portanto, com imensa afeição — e é só quando há grande afeição e amor que você pode enxergar a existência total da vida.

Roma, 31 de Março de 1966

Será possível descobrir um meio de viver o dia-a-dia que seja básica e radicalmente livre e, portanto, revolucionário? Para mim, só existe uma única revolução — a revolução religiosa. As outras — a econômica, a social, a política — não são revoluções. A única revolução é a mente religiosa em revolta, não como reação, mas a mente que estabeleceu um modo de vida no qual não há contradição. Todas as nossas vidas estão em contradição e, portanto, em conflito, seja o conflito nascido da tentativa de nos ajustarmos, pela busca de realização ou causado por influência social. Os seres humanos vêm vivendo nesse estado de conflito ao longo de toda a história conhecida.

Tudo aquilo em que tocam eles transformam em conflito, dentro e fora. Ou se trata de uma guerra entre as pessoas, ou a vida para o ser humano é um campo de batalha interior. Todos conhecemos essa luta constante, incessante, externa e internamente. O conflito produz determinado resultado pelo uso da vontade, mas nunca é criativo. Para viver, para florescer em bondade, é preciso que haja paz, não a paz econômica, a paz entre duas guerras, a paz de políticos negociando tratados, a paz pregada pela igreja ou pelas religiões organizadas, mas sim a paz que a pessoa descobriu para si própria. Apenas em paz pode-se florescer, crescer, ser e funcionar. Isso não pode se tornar realidade quando existe conflito de qualquer tipo, seja ele consciente ou inconsciente.

Será possível viver uma vida sem conflito no mundo moderno, com toda a tensão, luta, pressões e influências da estrutura social? Isso realmente é viver, é a essência de uma mente que investiga com seriedade. A pergunta sobre a existência de Deus, a existência da verdade, a existência da beleza, só pode ser feita quando isso já está estabelecido, quando a mente não está mais em conflito.

Questionador: Como fazer para evitar o conflito?

Krishnamurti: Você não pode evitar o conflito. Você precisa compreender a sua natureza. Nada é tão difícil quanto compreender o conflito. Tentamos evitar o conflito, e para tal nos pusemos a beber, nos entregamos ao sexo, nos ligamos à igreja, às religiões organizadas, às atividades sociais, ao divertimento superficial — todos os meios de fuga. Tentamos evitar o conflito mas não fomos capazes de fazê-lo. A própria tentativa de evitar contribui para o conflito.

Q: O senhor pode dizer algo a respeito da natureza do conflito?

K: Vamos abordar isso. Em primeiro lugar, vejamos a necessidade fundamental e radical de paz e liberdade. Não sabemos ainda do que se trata. Somos capazes de enxergar, talvez intelectualmente, a necessidade de não haver conflito na mente, no coração, em toda a estrutura do ser humano, porque então haverá a paz. Essa paz é, na verdade, uma forma de comportamento moral, porque a mente que não tem paz não pode se comportar, não pode ter relacionamentos adequados; e o relacionamento adequado é conduta, virtude, moral, tudo isso.

Se ambos compreendermos a necessidade de pôr fim ao conflito — compreender, ainda que verbalmente, por enquanto —, poderemos prosseguir; e podemos começar a investigar o que é o conflito, por que surge e se é possível acabar com ele insistindo em usar um fator chamado "vontade". Vamos começar lentamente. Não podemos esgotar esse assunto numa única tarde: é gigantesco. O que é o conflito, tanto interior quanto exterior? Podemos ver que as guerras exteriores são o resultado de nacionalidades, de pressões econômicas, de preconceitos religiosos e pessoais. Têm havido guerras religiosas ao longo de toda a história do mundo. Talvez o Budismo não tenha contribuído para a guerra, embora recentemente monges budistas tenham se queimado vivos, mas isso vai contra as ensinamentos. Eles são ensinados a não se envolver em política, mas a política é o novo oráculo; ela fornece a intoxicação do nacionalismo. Pode-se então enxergar os agentes visíveis que contribuem para a guerra, as ideologias; não precisamos abordar isso.

Em seguida, há o conflito interior, bem mais complexo. Por que existe conflito dentro de nós? Estamos examinando; não estamos afirmando que devemos ou não ter conflitos. Estamos examinando a questão; e para que possamos fazer isso é preciso ter o pensamento bastante claro, com consciência intensa na observação de toda a natureza e significado do conflito. Por que existe conflito? O que entendemos pela palavra *luta*? Estamos examinando o significado da palavra, não o que dá origem ao conflito. Quando é que temos plena consciência desta palavra, do fato? Só quando há dor, contradição, a busca de prazer e sua negação. Eu me dou conta do conflito quando vejo impedido o meu prazer sob a forma de satisfação, de diversos tipos de ambição. Quando vejo frustrado o prazer da ambição, então percebo o conflito; mas, enquanto esse prazer prosseguir sem obstáculos, não tenho nenhuma noção do conflito. Existe prazer na conformidade. Quero me amoldar à sociedade porque isto vale a pena; dá bons resultados. Por segurança, como meio de ganhar a vida, para me tornar famoso, para ser reconhecido, para ser alguém na sociedade, tenho de me ajustar à norma, ao padrão imposto pela sociedade. Enquanto eu estiver me ajustando a isso de forma completa, o que me dá grande prazer, não há conflito; mas o conflito surge no momento em que me desvio dessa conformidade.

Rajghat, 10 de Dezembro de 1967

Questionador: O senhor já nos falou sobre atenção, afeição e amor, mas como é possível que duas nações sintam atenção, uma pela outra?

Krishnamurti: Certamente, elas não podem. Quando você está indo para o norte e eu para o sul, como pode haver atenção ou amor? Quando uma nação quer certo pedaço de terra e outra nação quer o mesmo pedaço, como pode haver atenção ou amor? Só pode haver guerra, tal como vem acontecendo. Enquanto existirem nacionalidades, governos soberanos controlados pelo exército e pelos políticos, com suas ideologias idiotas, sua atitude separatista, haverá guerras. Enquanto você adorar determinado pedaço de pano chamado bandeira e eu adorar um outro pano com outras cores, obviamente acabaremos lutando um contra o outro.

Só quando não existirem nacionalidades, nem distinções, como cristãos, budistas, hindus, muçulmanos, comunistas ou capitalistas, deixará de haver guerras. Só quando o homem abandonar suas crenças mesquinhas e seus preconceitos, a adoração de sua própria família e todo o resto, haverá possibilidade de paz no mundo. Essa paz só poderá ocorrer quando o mundo todo estiver organizado, e ele não se organizará econômica ou socialmente enquanto houver divisões. Isso significa que deve haver um planejamento e uma linguagem universais — o que nenhum de vocês quer. Mas, enquanto vocês continuarem com as suas crenças, nacionalidades, deuses e gurus particulares, vocês estão fadados a guerrear uns contra os outros. É como um homem que finge que faz parte de uma fraternidade, quando na verdade ele odeia as pessoas.

Brockwood Park, 8 de Setembro de 1970

Krishnamurti: Antes de tentar descobrir como educar as crianças de maneira a que elas não venham a se amoldar à atual sociedade é preciso descobrir se nós, os educadores, os pais, os professores, como seres humanos, estamos nos conformando. Estamos imitando, seguindo determinado padrão, aceitando fórmulas e ajustando a vida a essa fórmula? Tudo isso implica, certamente, a conformidade, a aceitação da autoridade, de uma fórmula, princípio ou crença segundo a qual vivemos, ou a rejeição dos padrões externos de conformidade impostos sobre nós pela cultura, pela educação, pelo impacto das influências sociais. Podemos ter também nossos próprios padrões de conformidade interior, aceitá-los e nos amoldarmos a eles — tanto interna quanto externamente.

Tenho certeza de que não estou me amoldando? Não que alguém deva ou não fazê-lo, mas vamos começar por descobrir se a pessoa está ou não se amoldando. O que significa isso? Toda a estrutura da linguagem é uma forma de aceitação de um padrão de fala, de pensamento, condicionado por palavras, etc. Nesse caso, é fácil perceber que estamos nos amoldando. Da mesma forma, a pessoa amolda-se a padrões sociais externos: cabelo curto, cabelo comprido, barba, sem barba, calças, saias longas e todo o resto. E, interiormente, a pessoa se amolda ao seguir uma imagem que construiu acerca de si mesma, uma convicção, uma crença, um padrão de conduta? Estará a pessoa a par de tudo isso? Não que se deva ou não imitar, mas será que a pessoa sabe que, o tempo todo, existe essa conformidade externa e interna? Pois, se a pessoa se amolda, obviamente não há liberdade e sem liberdade não há inteligência.

Assim, para investigar interiormente, observe a si mesmo com bastante objetividade, sem sentimentalismos, sem dizer que isso é certo ou errado, limite-se a observar e descobrir até que ponto você está se amoldando. Será em nível bem superficial, ou estará se amoldando até o mais íntimo de seu ser? Trata-se, na verdade, de uma questão bastante complexa, esta — porque fomos educados de forma a dividir o mundo entre o "eu" e o "não-eu", entre o observador e o observado. Esse é, basicamente, um dos padrões da conformidade; essa é a maneira pela qual fomos criados. Quando digo: "Eu sou um hindu", isto condiz com os padrões da cultura e da sociedade na qual esta mente, em particular, foi criada e cultivada. Alguém está fazendo isso? Isso é extraordinário quando nos dispomos a encará-lo em profundidade.

Em primeiro lugar, vejamos como você e eu nos amoldamos. Se nós, educadores e pais, não compreendermos o significado de se amoldar, como poderemos ajudar alguém a libertar-se da conformidade ou dizer que deve se amoldar? Precisamos ter clareza em nós mesmos. Não vamos colocar o carro na frente dos bois!

Veja, isso é bastante sutil e profundo se você olhar com cuidado. A educação atual é a memória, o culto da memória, quais são os fatos, essa ou aquela tecnologia. O caminho do conhecimento, você sabe, é amoldar-se. Seguir o passado, aceitar uma tradição, chamar-se a si mesmo de alemão, de russo, de inglês, é se amoldar, e a revolta contra isso é outro padrão de conformidade. Portanto, toda reação é uma forma de conformidade. Não sei se vocês aceitam tudo isso. Não gosto de determinado sistema, o sistema capitalista ou o comunista. Rebelo-me contra ele porque quero um sistema diferente; e esse sistema diferente é o resultado desses dois sistemas em especial, e eu prefiro este terceiro e portanto me ajusto a ele.

Sendo assim, para investigar essa questão — não como educar as crianças; iremos abordar isso depois — é preciso que cada um localize em si mesmo esses padrões de conformidade e imitação.

Questionador: Mas, senhor, se não seguirmos os sistemas que existem na nossa sociedade, como poderemos educar nossos filhos de modo que eles passem nos exames?

Krishnamurti: Não vamos falar sobre os filhos por enquanto. Vamos falar a respeito de nós mesmos, os responsáveis por essas infelizes crianças, e verificar *se estamos* nos amoldando. Se estivermos, então qualquer que seja o nosso relacionamento com as crianças, estaremos sempre, sutil ou brutalmente, produzindo um sistema educacional que amoldará as crianças, ou os adultos ou os adolescentes. Isso é simples. Se sou cego, não posso conduzir, não posso ver, não posso ajudar o outro. E somos sempre mais ou menos cegos se não sabemos até que ponto estamos nos amoldando.

Q: Mas o conhecimento disso não é um processo contínuo? Não vai se tornando mais preciso?

K: Sim, é verdade, ele se torna bastante preciso. Se possível, por favor, prestem um pouco de atenção a isso. Vocês estão se amoldando? Obviamente, quando visto minhas calças, estou me amoldando. Quando vou à Índia e visto roupas diferentes, estou me amoldando. Quando corto meu cabelo curto, estou me amoldando. Quando deixo meu cabelo ou minha barba crescer, estou me amoldando.

Q: Mas não é mais uma questão de ver-se a si mesmo e ao mundo exterior como duas coisas separadas?

K: Eu disse isso. A distinção entre o "eu" e o "não-eu", o externo e o interno, esta divisão é outra forma de conformidade. Vejamos o princípio disso, não as conformidades periféricas, mas suas raízes. Por que a mente humana se amolda? Como pode a mente humana saber que está se amoldando? Formulando essas questões descobriremos os limites da conformidade, mais do que se investigarmos a conformidade periférica. Isso é pura perda de tempo. Uma vez compreendido o tema central, poderemos lidar com a conformidade exterior, periférica.

Q: Senhor, sinto-me bastante inseguro se não sigo um determinado padrão.

K: Ele afirma: se não estiver seguindo um padrão, estabelecido por determinada sociedade e cultura, seja ela comunista, finlandesa, alemã, católica ou qualquer outra, serei rejeitado. Certo? Imagine o que ocorre na Rússia: sob a tirania soviética — embora eles chamem a isso democracia do povo, todo este absurdo — eu serei banido, serei enviado a um hospital de doentes mentais, me darão drogas para que me torne normal. Então, antes de afirmar o que eu deveria fazer numa determinada cultura em que a conformidade é o padrão, antes mesmo de formular tal questão, deveríamos descobrir, por nós mesmos, se estamos nos amoldando e o que isso significa. Veja, você vive a discutir o que fazer em determinada estrutura de sociedade. Mas essa não é a questão. A questão é: será que a pessoa sabe ou tem consciência de que vem se amoldando? E essa conformidade é periférica e superficial, ou será bastante profunda? Enquanto você não tiver respondido a essas perguntas, não será capaz de lidar com a questão quanto a se deve ou não se ajustar a uma sociedade que exige conformidade.

Q: Costumo agir de certa forma. Como saber se estou me amoldando ou não?

K: Precisamos descobrir, meu senhor. Vamos examinar isso. Vamos dedicar tempo e paciência para descobrir. Não vamos nos deter em perguntas periféricas tais como: "O que se deve fazer?"

Q: É possível que, assim como outras espécies animais, nós tenhamos um desejo natural e instintivo de conformidade.

K: Sim. Por quê? Sabemos disso. Todo esse processo de educação, todo o modo de criar as crianças, é levar a se amoldar. Por quê? Olhem para isso. O animal se amolda.

Q: Para preservar a espécie.

Questionador 2: Para ficarem juntos.

Questionador 3: Para preservar o grupo.

K: Para preservar o grupo, para ter segurança, para estar a salvo. Eis por que nos amoldamos. E essa conformidade traz segurança? Dizemos que sim, mas será verdade? Em outras palavras, dizer que determinada pessoa é americana, indiana, japonesa ou indonésia, parece dar um sentido de segurança. Identificar-se com determinada comunidade parece dar segurança. Mas será que dá? Quando você declara ser alemão e eu digo que sou judeu ou inglês, essa própria distinção é uma das maiores causas da guerra, demonstrando que não há segurança alguma. Onde quer que haja divisão, fruto da identificação com determinada comunidade, na esperança de que esta comunidade garanta segurança, aí reside o próprio germe da destruição da segurança. Isso é bastante claro.

Q: Então, o senhor acredita que a idéia de comunidade prejudica...

K: Não senhor, não senhor. Estamos afirmando que o desejo de conformidade, a urgência, o instinto de se amoldar, surge da esperança de segurança, do desejo de se ter segurança, de estar a salvo, fisicamente perfeito. Isso é um fato? A história — não que eu seja um historiador — mostrou que quando você se diz católico e eu protestante, nós matamos um ao outro em nome de Deus e assim por diante. Logo, a mente que busca segurança através da conformidade destrói essa própria segurança. Isso ficou claro, não é mesmo? E, tendo isso ficado claro, pusemos de lado a identificação com uma sociedade como meio de obter segurança. Esse pensamento, essa forma de ver, terminou. Quando você vê a natureza envenenadora dessa divisão em comunidades e de você se identificar com uma comunidade na esperança de alcançar segurança, quando você percebe isso com clareza, a verdade disso, você não espera mais conseguir segurança através de uma comunidade, nacionalidade, através da identificação com determinado grupo.

Q: Mas não há também um outro aspecto, o sentimento de pertencer a um grupo?

K: Sim, é verdade, senhor. Eu pertenço a determinado grupo. Isso me dá satisfação; me aquece interiormente; me faz me sentir a salvo. É a mesma coisa.

Q: É mais do que se sentir a salvo. É um sentimento muito bom.

K: Sim, senhor, e o que é isso? Um ótimo sentimento — eu pertenço a esta comunidade de Brockwood. Isso me dá uma sensação agradável. Que mostra isso? Mostra que eu quero fazer parte de alguma coisa. Por que? Senhor, vamos dissecar isso e examinar bem. Por que quero me sentir bem numa maldita comunidadezinha? Desculpe!

Q: Eu me acho insuficiente em mim mesmo.

K: O que significa isso? Sou insuficiente em mim mesmo; sou solitário; sou uma entidade pobre, infeliz, abatida e miserável; e digo, meu Deus, se eu pudesse me identificar com uma grande comunidade, eu iria me deixar absorver por ela. Isso é bastante simples.

Q: Nós queremos comunhão.

K: Com quem?

Q: Com outras pessoas.

K: Como você pode estar em comunhão com outras pessoas quando busca segurança através de outras pessoas?

Q: Não se trata de segurança.

K: Meu senhor, veja. Eu me sinto bem, feliz, com um pequeno grupo de pessoas, uma determinada comunidade. Por quê? Você não tem resposta a esta pergunta. Por que me sinto bem com um determinado grupo de pessoas?

Q: Porque tenho medo dos outros.

K: O medo não é a única coisa que eu sinto em relação aos outros.

Q: Não.

K: Não? Então o quê? Eu não gosto dos outros. Não gosto da aparência deles, do cheiro, das roupas, da barba, do cabelo deles. Gosto deste grupo. Este grupo me dá uma sensação de calor.

Q: Queremos nos expandir.

K: Expandir o quê? Estou expandindo o quê? A minha solidão, o meu medo, a minha desgraça, as minhas incertezas? Quando sou claro, quando estou certo, quando me sinto importante, não quero me identificar com nada. Não sei por que perdemos tempo com isso. Precisamos ir mais ao fundo. Ou seja, qualquer forma de identificação com um grupo, por mais bem-estar que isso produza, por mais satisfação, implica não apenas um bem-estar psicológico — bem-estar psicológico na divisão e, portanto, destruição —, mas também uma conformidade do grupo contra outro grupo. Nossa pergunta é: por que nos amoldamos, e será que sei que estou me amoldando? Por favor, limitem-se a essas duas questões. Você sabe que está se amoldando? Quando você afirma que é inglês ou francês, isso não é se amoldar? Quando afirma que é católico, protestante, comunista, das Panteras, etc., não está se amoldando? E quando você se dá conta de que está se amoldando, periférica ou superficialmente, a pergunta seguinte é: por quê? Se você responde que é para estar a salvo, seguro, então você vê os perigos dessa segurança. Não existe segurança quando você se identifica com um grupo, não importa quanta satisfação produza. Não ficou claro isso? Podemos deixar isso de lado, acabar com isso. Qualquer forma de identificação com um grupo, embora satisfatória, embora traga bem-estar, não produz segurança. Sendo assim, jamais procurarei segurança em um grupo. Podemos dar esse assunto por encerrado?

Q: Sim.

K: Espere. Sim, *mas façam isso*!

Q: Nem sempre parece que estamos nos identificando, mas sim que estamos trabalhando juntos, e então isso ocorre de alguma forma.

K: Sim. A questão é: podemos pensar que estamos trabalhando juntos, não necessariamente nos identificando. Será a cooperação uma imitação ou conformidade? Por favor, examinem isso um pouco. Estou cooperando com você em algo? Em torno de um princípio, em uma utopia, em torno de uma série de idéias, ou cooperando com você porque você traz iluminação? Ou será que eu tenho o espírito de cooperação no qual não há conformidade? Se eu estiver cooperando porque espero através dessa cooperação ganhar um benefício pessoal, isso não é cooperação. Mas se tenho o espírito de cooperação, a sensação...

Q: Vou além do eu.

K: Madame, é exatamente isso. Será que eu tenho o espírito de cooperação, a sensação? Vamos voltar. Tenho de voltar a esse ponto, ou seja, será que a pessoa sabe que está se amoldando, por que se amolda e por que é necessário se amoldar?

Q: Isso apresenta uma imagem de igualdade.

K: Não, veja bem, meu senhor, o senhor está se amoldando? Desculpe-me por insistir nisso. O senhor está se amoldando? Quando consome drogas — não o senhor, estou falando genericamente, não me interessa saber se o senhor consome drogas ou não —, isso não é uma conformidade? Quando bebe ou fuma, isso não é uma conformidade?

Q: Parece que não se pode falar de uma ação, dizendo que ela é uma ação de conformidade. É preciso falar a respeito da mente.

K: Senhor, acabamos de fazer isso. Por que a mente se amolda?

Q: O senhor pode dizer que a mente se amolda, mas será que pode afirmar que se esta ou aquela ação é amoldadora, isso é feito por uma mente amoldadora?

K: Você sabe que está se amoldando através da ação da conformidade? Estou fazendo algo, e o ato de fazê-lo revela que estou me amoldando. Ou, sem a ação, eu sei que alguém está se amoldando. Percebe a diferença? Será que sei que estou com fome porque você me disse que estou com fome? Ou sei por mim mesmo que estou com fome? Será que sei que estou me amoldando porque percebo a ação da conformidade? Não sei se estou sendo claro. Por favor, me acompanhem.

Será que sei, através da ação, que estou me amoldando, ou sei que estou me amoldando mas não através da ação? São dois tipos diferentes de conhecimento. Descobrir que estou me amoldando através da ação leva-me a corrigir a ação. Certo? Percebo que estou me amoldando através de determinada ação, e então digo a mim mesmo para mudar, pois para promover uma modificação na conformidade preciso agir diferente. Minha ênfase então recai sobre a ação, e não no movimento que produz a ação. Isso é claro. Antes de falar sobre a ação, quero que fique bem clara a natureza da conformidade.

Q: Senhor, não compreendo como é possível observar a natureza da conformidade sem a ação que a revela.

K: É exatamente isso. Não posso descobrir a natureza da conformidade sem estar ciente da ação que é resultado da conformidade. Certo?

Q: A conformidade está relacionada com um objetivo.

K: Senhor, como o senhor sabe que está se amoldando?

Q: Através de uma observação.

K: Através da observação. Seja claro. Espere um minuto. Através da observação, diz você. O observador, observando a ação, diz: "Estou me amoldando". Certo? Mas o observador não é produto de séculos de conformidade?

Q: É.

K: Portanto, ele examina, não a ação, mas a si mesmo amoldando-se.

Q: Sim.

K: Ele é a fonte de toda a conformidade, e não o que ele faz. O que ele faz é resultado do fluxo de conformidade, na qualidade de observador, de censor, de inglês, de tradicionalista, etc. Assim, quando perguntamos o que é conformidade, quem se amolda e por que se amolda, acredito que a resposta a todas essas perguntas está em quem observa. O observador é o censor. Agora o censor se dá conta de que está condenando ou justificando. Essa condenação ou justificativa é resultado da sua conformidade ao padrão da cultura em que foi criado. Esse é o contexto.

Brockwood Park, 31 de Agosto de 1974

Precisamos observar, não apenas a nossa vida mas também, obviamente, aquilo que se passa ao nosso redor — o conflito, a violência, o sofrimento, o extraordinário sentimento de desespero, de existência sem sentido. Para escapar disso tudo recorremos a todo tipo de crenças fantasiosas e sectárias. Em todo o mundo, os gurus se multiplicam como cogumelos no outono. Eles estão tomando suas fantasias particulares, suas tradições e impondo-as aos outros. Isso não é religião; isso é pura tolice, aceitação tradicional do já ocorrido, do que já morreu. Assim, não basta apenas uma mudança no mundo exterior, mas é importante produzir também uma total revolução psicológica interior. Isso me parece ser o mais urgente e necessário. E provocará, natural e inevitavelmente, uma mudança na estrutura social, em nossos relacionamentos, em toda a nossa atividade.

Sendo assim, o que deve ser feito em primeiro lugar, acredito, é o ato de observação — observar, observar sem o observador. Vamos falar disso, pois é bastante difícil.

Observar, não como inglês, americano, hindu, budista, católico, protestante, comunista, socialista ou o que quer que seja, mas observar sem essas atitudes condicionantes, observar sem a aceitação tradicional, observar sem que o "eu" interfira na observação. O "eu", resultado do passado e de todas as tradições, da nossa educação, da nossa influência social, ambiental e econômica — esse "eu" interfere na observação. Bem, mas ao observar, será possível eliminar por completo essa atividade do "eu"? Porque é o "eu" quem separa e, portanto, produz o conflito em nossos relacionamentos com os outros.

Será possível examinar todo esse fenômeno da existência sem o tradicional "eu", com seus preconceitos, opiniões, julgamentos, desejos, prazeres e medos? Se não for possível, continuaremos presos na velha armadilha de uma leve reforma na mesma área, com um pouco mais de experiência, um pouco mais de conhecimento expansivo, etc., mas permanecendo sempre na mesma área — a menos que obtenhamos uma compreensão radical de toda a estrutura do "eu". Isso me parece bastante óbvio, mas ainda assim a maioria de nós é capaz de esquecer; muitos estão de tal modo sobrecarregados com as próprias opiniões, julgamentos e atitudes individualistas que somos incapazes de perceber o todo. Na percepção do todo está a nossa salvação. Por *salvação* entendo um modo diferente de viver, de agir, de pensar, de modo que possamos viver em paz com nós mesmos, sem conflitos, sem problemas.

É sobre isso que iremos conversar hoje: saber se é possível a mente humana, tão condicionada pelo tempo, pela evolução, por todas as experiências e por um grande volume de conhecimentos, se esta mente, a sua mente, a nossa mente, a nossa consciência, pode ir além dela mesma. Não em teoria, não em fantasia, não em experiências românticas, mas *verdadeiramente*, sem nenhuma ilusão. Porque nossa consciência é a consciência do mundo. Acho que é importante compreender isso. Nossa consciência, com seu conteúdo, é a consciência de cada ser humano do mundo. Podemos variar um pouco aqui e ali, ter cores diferentes, linhas diferentes, formas diferentes, mas o conteúdo da nossa consciência é essencialmente o conteúdo do mundo. Acho que é importante compreender isso. Se esse conteúdo puder ser mudado, a consciência do mundo poderá ser mudada. Estamos nos entendendo? Falamos a mesma língua?

Se eu puder mudar o conteúdo da minha consciência, isso certamente afetará a consciência de outros. E esse conteúdo constitui a minha consciência. O conteúdo não existe separado da consciência. Como ser humano, vivo neste mundo com todo o esforço físico, confusão, sofrimento, violência, as nacionalidades separadas, com seus conflitos, guerras, brutalidades, com todas as calamidades que estão ocorrendo. Isso tudo faz parte da minha e da sua consciência — a consciência treinada para aceitar sábios, mestres, gurus, autoridades. E, pergunto, será que toda esta consciência pode ser transformada? Se ela puder ser transformada, qual o modo de fazê-lo? Não se trata, obviamente, de um método. Um método implica um plano preestabelecido ou um sistema inventado por alguém a quem você respeita ou acredita que tem a resposta final, e de acordo com esse método você se amolda. Temos feito isso e ainda estamos presos ao mesmo padrão. Se a pessoa se nega a conformar-se a qualquer padrão, método, objetivo, fazendo isso, não através da resistência mas através da compreensão, percebendo nitidamente o quanto é tola a conformidade, então a mente depara com um problema mais difícil — o medo. Por favor, o que estou dizendo não são meras palavras, mas estamos compartilhando isso, não me canso de repetir, compartilhando. Compartilhar requer atenção. Compartilhar implica a necessidade, a urgência de compreender, não intelectualmente, não verbalmente, mas compreender com a nossa mente, com o nosso coração, com todo o nosso ser.

Como dissemos, nossa consciência, com seu conteúdo, é a consciência do mundo, porque aonde quer que você vá as pessoas estão sofrendo. Existe pobreza, miséria, brutalidade; isso faz parte da nossa vida diária. Existe injustiça social, os ricos e os pobres. Aonde quer que se vá, esse é um fato absoluto. Cada um de nós vive a sofrer, preso em um emaranhado de problemas de todos os tipos, sexuais, pessoais, coletivos, etc. Esse conflito prossegue no mundo inteiro em cada ser humano. Nossa consciência é a deles. E nisso reside a compaixão, não a compaixão intelectual, mas a verdadeira compaixão por esse ser humano, tomado por essa extraordinária dor física.

Quando olhamos a consciência sem qualificá-la de boa ou má, nobre ou ignóbil, bonita ou feia, quando a observamos sem nenhuma interpretação, então vemos por nós mesmos que há um medo tremendo, um sentimento de insegurança, de incerteza, e em função dessa insegurança nós fugimos para diferentes tipos de segurança neurótica. Por favor, observem isso em vocês mesmos; não se limitem a aceitar o que o orador diz. Além disso, quando você observa, quem é o observador? Quem é o observador que observa todo esse fenômeno? Será o observador diferente daquilo que é observado? Será o pensador diferente do pensamento? Será o experimentador diferente daquilo que ele experimenta? Parece-me que esse é um dos pontos básicos que precisamos compreender. Para nós, existe uma diferença entre o observador e o observado, e essa diferença gera o conflito. Onde quer que haja divisão, haverá conflito.

Assim, é preciso ser claro, penso eu, acerca dessas questões: quem é o observador? E será que o observador é diferente daquilo que ele observa? Olho para a minha consciência — não sei se vocês já tentaram olhar para a própria consciência. Olhe para ela como se estivesse olhando para você mesmo num espelho. Olhe todas as atividades conscientes e inconscientes de sua consciência, as quais estão no domínio do tempo, no campo do pensamento. Bem, você pode observar isso? Ou será que só observamos isso como se fosse algo que está fora de nós? Se você observa, o observador-que-está-observando é diferente daquilo que-está-sendo-observado? E o que o torna diferente? Estamos indo juntos? Precisamos caminhar juntos. Não me deixem avançar sozinho, por favor; estamos todos juntos nisso.

O que é o observador? Qual é a natureza e a estrutura do observador? Será o observador o passado, com suas experiências, seu conhecimento, suas feridas acumuladas, seus sofrimentos, etc.? Será o observador o passado? Será o observador o "eu"? Será que o observador, sendo ele o passado, é capaz de olhar o que se passa agora em volta dele? Ou seja, se estou vivendo no passado, com as recordações, as feridas, os sofrimentos, todo o conhecimento que a mente acumulou — e todo o conhecimento é sempre do passado —, eu observo com essa mente. E quando observo com essa mente, estou sempre olhando através de olhos que foram feridos, que se lembram de tudo o que ocorreu no passado. Estou sempre olhando através do passado, através da tradição acumulada, e portanto jamais olho o presente. Existe uma distinção entre o observador — que é o passado — e o presente atuante, vivo e em movimento. Sendo assim, existe conflito entre o observador e o observado.

Será que a mente pode observar sem o observador? Não se trata de um quebra-cabeça, de um truque, de algo acerca do que se pode especular. Você pode ver isso por si mesmo; você pode ter uma visão clara da realidade; ou seja, o observador não pode observar. Só observa aquilo que quer observar; observa segundo seus desejos, seus medos, suas inclinações, exigências românticas, etc. O observado torna-se diferente quando o observador é, ele mesmo, diferente. Se eu fui criado como católico, budista, hindu ou Deus sabe o que, eu observo a vida, esse extraordinário movimento da vida, com a minha mente condicionada, com minhas crenças, meus medos, meus salvadores; eu não estou observando "aquilo que existe"; estou observando o meu próprio condicionamento e, portanto, nunca observo "aquilo que existe".

Quando eu observo, será o observador diferente de mim? Ou será que o observador é o observado — compreende? Isso elimina completamente o conflito. Porque você percebe que nossas vidas, nossa educação, nosso modo de vida, baseiam-se em conflitos — todos os nossos relacionamentos, nossas atividades, nossa maneira de viver, nossa maneira de pensar, brotam desse interminável conflito entre eu e você, entre todos, externa e internamente. E a vida religiosa até agora só fez aumentar o conflito, produziu uma vida de torturas — você precisa chegar a Deus, ou algo assim, através da conformidade, da aceitação de uma crença — e tudo isso são formas de conflito. E a mente em conflito, obviamente, não é uma mente religiosa.

Sendo assim, chegamos ao seguinte ponto: será que a mente, a sua mente, é capaz de observar sem o observador? Isso fica extremamente difícil porque levanta a questão do medo. Não existem apenas os medos conscientes, mas também os medos de raízes profundas. Mas, pergunto, a mente pode se libertar do medo? Não de uns poucos medos ou dos medos de que se tem consciência, mas de toda a estrutura do medo, consciente e inconsciente? Talvez você responda que isso não é possível, que nenhum ser humano pode viver neste mundo sem medo. Bem, estamos nos perguntando se a mente que vive no medo — medo do amanhã, do que já passou, do que poderia ser, do que é, medo do relacionamento, medo da solidão, dezenas de formas de medo, os medos mais absurdos e mais trágicos — será esta mente capaz de se libertar de tudo isso?

Bem, mas como investigarei o medo? Dezenas de situações me provocam medo. Como faço para investigar e me libertar do medo, tendo em mente que o observador é o observado? O medo não é diferente do observador. O observador é parte do medo, obviamente. Sendo assim, como a mente faz para ficar livre do medo? Porque, sob o peso do medo, a pessoa vive na escuridão, e do medo nasce a violência, a agressão e todas as atividades neuróticas que se passam, não apenas no campo religioso, mas também nos relacionamentos diários. Portanto, para a mente saudável e equilibrada, que é um todo, é preciso ficar livre do medo. Não do medo parcial, mas do medo total: não existe medo parcial. Sendo assim, o observador é medo ele mesmo, e quando observa o medo como algo separado dele, há conflito. Ele procura então superar, suprimir o medo, fugir dele, e assim por diante. Mas quando a pessoa viu claramente esta verdade de que o observador é o observado, o que ocorre?

Deixem-me dizer a mesma coisa de outra forma: eu estou com raiva — será que essa raiva é diferente de mim? Eu, o observador, que digo: "eu estou com raiva"? Ou esta raiva é parte de mim? Parece bastante simples. E quando verifico que o observador é o observado, que a raiva que percebo é parte de mim, não algo fora de mim, então o que farei a respeito dessa raiva? Eu não estou separado da raiva. Eu *sou* a raiva. Não estou separado da violência. Eu sou essa violência. E a violência surgiu em função do meu medo; esse medo produziu a agressividade. Portanto, eu sou tudo isso. O que ocorre então?

Vamos examinar um pouco mais: quando estou com raiva, cada reação, a que dou o nome de raiva, é reconhecida, porque já estive com raiva antes. Sendo assim, quando fico com raiva de novo, eu a reconheço; e isso faz a raiva ter ainda mais força, porque estou olhando essa nova reação e reconhecendo nela uma raiva anterior. Portanto, só estou reconhecendo a raiva. Não estou indo além dela; a cada nova oportunidade, estou meramente reconhecendo. Sendo assim, será que eu, a mente, serei capaz de observar essa raiva sem reconhecê-la, sem usar a palavra *raiva*, que é uma forma de reconhecimento? Somos seres humanos violentos por diversas maneiras; podemos ter um rosto gentil e a voz suave, mas interiormente somos pessoas violentas. Existem atividades violentas, discursos violentos e tudo o mais. Mas será essa violência diferente de mim, do observador? Vejo que o observador é parte dessa violência. Não se trata de o observador ser não-violento e olhar a violência de fora, pois o próprio observador é parte disso.

Então, o que fará? Sou parte dessa violência, e antes eu tinha me separado dessa violência, dizendo: "Preciso acabar com isso; preciso dominar isso; preciso superar isso", e portanto há o conflito entre aquele e eu. Agora eliminei esses absurdos, percebo o fato de que sou violento, que minha própria estrutura é violenta. O que ocorre então? Por certo não há nenhum desejo de superar isso, pois sou parte disso. Não se cogita da hipótese de eu tentar superar, suprimir isso; suprimir, superar, fugir, são desperdícios de energia — não é verdade? Bem, mas quando o observador é o observado, disponho de toda essa energia que antes era gasta em fugir, em suprimir. Agora, disponho de toda a gigantesca energia que surge quando o observador é o observado, e essa energia pode ir além da violência.

Precisamos de energia — não é mesmo? — para fazer o que quer que seja. Preciso de energia para ir além da violência; mas eu gastei essa energia na repressão, nas racionalizações, na conformidade, através de todo tipo de fuga e justificativas. Quando percebo que o observador é o observado e toda essa energia fica concentrada, quando toda a energia está ali, não há violência. Só os fragmentos criam a violência.

Questionador: Há uma interação.

Krishnamurti: Não interação, meu senhor. Vamos nos ater a um único tema. Não introduza a interação ainda; chegaremos lá. Veja, meu senhor, os seres humanos em todo o mundo tentaram, segundo o modo velho e tradicional, superar a violência e a raiva através de racionalizações, justificativas, fugas, todos os tipos de atividades neuróticas, e não superamos a violência, não superamos a raiva, a brutalidade, etc. Mas será que a mente é capaz de ir além de tudo isso? De uma vez por todas, será ela capaz de pôr fim à violência? Isso só será possível quando verificarmos que o observador é o observado, porque na observação não há então nenhuma fuga, nenhuma interpretação, nenhuma racionalização, apenas o que é; e portanto você dispõe de energia para ir além disso. Faça isso e verá. Mas é preciso que antes você compreenda a razão, a lógica, a verdade de que o observador é o observado.

Quando você olha para outra pessoa — para a mulher, o marido, a namorada, o namorado, etc. — você é diferente daquilo que observa, da pessoa que você observa? A forma, homem ou mulher, pode ser diferente; o sexo pode ser diferente; mas, psicologicamente, será a sua consciência diferente da dela ou da dele? Investigue isso enquanto prosseguimos. Ao observar, você está observando a sua própria imagem, e não observando outro. A imagem que você elaborou através de diversas interações, a imagem que você formou sobre ele ou ela, é essa imagem que você está olhando. Isso é bastante óbvio, não é mesmo? Sendo assim, quando a pessoa realmente compreende, não verbalmente, não intelectualmente, mas como uma realidade, como algo verdadeiro, que o observador é o observado, todo conflito chega ao fim, e nosso relacionamento com o outro sofre, por conseguinte, uma gigantesca transformação.

A mente é capaz de observar o medo? Vamos voltar a isso: o seu medo da morte, da solidão, da escuridão, de não ser ninguém, de não se tornar um imenso sucesso, de não ser um líder, um escritor, isto ou aquilo. Em primeiro lugar, a pessoa tem ciência disso? Ou essa pessoa leva uma vida superficial, falando sem cessar sobre algo diferente, pois ninguém nunca é consciente de si mesmo, de seus próprios medos. Então, se a pessoa fica ciente desses medos, em que nível isso ocorre? Será uma percepção intelectual de seus medos, ou você está mesmo a par de seus medos — assim como você se dá conta da cor do tecido ao seu lado? Você está a par do seu medo num nível profundo, nos recessos mais ocultos da sua mente? E, se esses medos estão escondidos, como ficarão expostos? Você precisa ir a um analista? Mas o analista é você mesmo. Ele também precisa ser analisado; caso contrário, não seria analista!

Sendo assim, como você faz para revelar toda a estrutura, essas sutilezas do medo? Você sabe que esse é um problema difícil; não basta ouvir falar acerca dele durante dois ou três minutos e depois esquecê-lo — descobrir por si mesmo se é possível expor todos os medos ou se existe um único medo central, com muitas ramificações. E quando se percebe o medo central, as ramificações começam a murchar. Bem, mas como abordar isso? A partir da periferia ou do centro? Se a mente puder compreender a raiz do medo, então as ramificações, os diversos aspectos do medo, não terão significado nenhum: eles logo murcharão. Qual é, pois, a raiz do medo? Você é capaz de encarar o seu medo? Olhe para ele, convide-o — naturalmente você não tem medo aqui, mas você sabe quais são os seus medos: solidão, não ser amado, não ser bonito, perder sua posição, seu emprego, isto ou aquilo. Bem, ao olhar para um dos medos, para um determinado medo, você pode descobrir a raiz desse medo, e não apenas a raiz desse medo mas a raiz de todos os medos. Observando um medo, no sentido de que o observador é o observado, você verá por você mesmo que, através de um medo, você descobre a raiz de todos os medos. Suponha uma pessoa com medo — do quê?

Q: Da solidão.

K: Solidão. A pessoa tem medo da solidão. Mas, antes de mais nada, você já observou a solidão ou essa é uma idéia da qual você tem medo? Não do fato da solidão mas da idéia da solidão — percebe a diferença? E então? É a idéia que o amedronta ou é a realidade que o amedronta?

Q: Não são separadas, não é verdade?

K: Não, senhor. Veja. Tenho uma idéia sobre a solidão. E a idéia é a racionalização do pensamento que diz: "Não sei o que é, mas tenho medo disso." Ou então eu sei o que é a solidão, não como uma idéia, mas como uma realidade. Eu sei o que significa estar numa multidão e, subitamente, não me sentir relacionado com nada, completamente dissociado, perdido, sem poder contar com ninguém. Todas as minhas amarras foram cortadas e eu me sinto tremendamente só, assustado. Isso é uma realidade. Mas a idéia *acerca* disso não é uma realidade, e acho que a maioria de nós tem só uma idéia acerca disso.

Sendo assim, se não é uma idéia mas uma realidade, o que é a solidão? Não a estamos alimentando o tempo todo — com essas nossas atividades egocêntricas, com essa enorme preocupação com nós mesmos, com a nossa aparência; com nossas atitudes, opiniões, julgamentos, posição, *status*; com a nossa importância, com tudo isso? Tudo isso são formas de isolamento. Nós fazemos isso o dia todo, durante anos, e subitamente nos sentimos absolutamente isolados; nossas crenças, Deus e tudo o mais de repente vão embora. Há esse sentimento de isolamento que não pode ser penetrado; e isso com certeza produz um medo enorme. Bem, mas eu observo, na minha vida, no meu dia-a-dia, que minhas atividades, meus pensamentos, meus desejos, meus prazeres, minhas experiências são cada vez mais isoladoras. E o sentido último disso tudo é a morte. Esse é o outro ponto. Então observo isso. Observo nos meus movimentos diários, nas minhas atividades diárias. E, na observação dessa solidão, o observador faz parte disso, ele é essencialmente a solidão. Então o observador é o observado. E, portanto, não pode em hipótese alguma fugir disso. Ele não pode esconder isso, não pode tentar preencher com boas obras ou o que quer que seja, ir à igreja e fazer meditação e todo o resto. Então o observador é o observado. O que ocorre então? Você eliminou o conflito por completo, não é mesmo? Não tenta escapar dele, não tenta encobri-lo, não tenta racionalizar, você o enfrenta, você *é ele*. Quando você o enfrenta por completo e não por meio de fuga, e você é ele, já não existe o problema, não é verdade? Não há problema porque não há nenhum sentimento de solidão.

Você é capaz de observar o seu medo? E, através de um medo, chegar à raiz de todos os medos? Ou seja, através desse sentimento de solidão, será que você não chegou à raiz do medo? Sou solitário. Sei o que isso significa, não como idéia, mas na realidade. Sei o que é a fome como realidade, não porque alguém me contou o que é a fome. Existe esse extraordinário sentimento de solidão, de isolamento. Isolamento é uma forma de resistência, uma forma de exclusão. Estou perfeitamente ciente disso, e também estou ciente de que o observador é o observado. E existe medo aí, um medo profundamente arraigado; e através de um agente do medo, a solidão, fui capaz de descobrir, de olhar o fato central do medo, e que é a existência do observador. Se o observador não existe — sendo o observador o passado, suas opiniões, julgamentos, avaliações, racionalizações, interpretações, toda a tradição —, se isso não existe, onde está o medo?

Se o "eu" não existe, onde fica o medo? Mas nós somos educados religiosamente, e nos colégios, nas escolas e universidades, para nos afirmarmos, para cultivar o "eu" como o observador. Sou católico, protestante, inglês; eu sou isso, eu sou aquilo e tudo o mais. E, por olhar um medo, a mente foi capaz de olhar e chegar ao fato central do medo, que é a existência do observador, do "eu". E posso viver neste mundo sem o "eu"? Quando tudo e todos à minha volta são uma afirmação do "eu", a cultura, as obras de arte, os negócios, a política, a religião, tudo à minha volta diz *cultive o "eu"*. Numa cultura, numa civilização assim, pode alguém viver sem o "eu"? O monge diz que você não pode — você pode fugir do mundo, ir para um mosteiro, mudar de nome, devotar sua vida a isso ou àquilo, mas ainda assim o "eu" está lá, porque esse "eu" se identificou com a imagem que projetou de si mesmo como isso, aquilo ou o que mais. O "eu" continua ali sob uma forma diferente.

Então, pergunto — esta é uma pergunta importantíssima e bastante séria —, alguém pode viver sem esse "eu" neste mundo monstruoso? Ou seja, alguém pode viver saudavelmente em um mundo insano? Ele é insano com todo o faz-de-conta das religiões. Você é capaz de viver em um mundo que é insano e, ainda assim, ser inteiramente são?

Mas quem pode responder a essa pergunta a não ser você mesmo? Isso significa que você precisa ver que a sua consciência, com todo o seu conteúdo, é a consciência do mundo. Isso não é uma afirmação: é uma realidade, algo tremendamente verdadeiro. O conteúdo da sua consciência é a sua consciência. Sem o conteúdo não existe consciência. Seu conteúdo agora é o medo, o prazer, tudo o que se passa no mundo, tão exaltada, tão louvada a cultura — uma cultura tão maravilhosa, com suas guerras, brutalidades, injustiças, fome, miséria — nós somos essa consciência. E se sua consciência experimenta uma mudança radical, essa mudança afeta a consciência do mundo. Examine qualquer pessoa que tenha feito uma dessas assim chamadas revoluções físicas, como Lênin ou as pessoas que fizeram a Revolução Francesa. Você pode não aprovar o que eles fizeram, mas eles afetaram a consciência do mundo, como Hitler, Mussollini, Stálin e toda essa gangue.

Q: Como Cristo.

K: Ah! Sim, como Cristo. Você percebe como você escapa? Você escapa para as velhas tradições. Você não diz: "Veja, preciso mudar. Minha consciência precisa passar por uma transformação radical." Este é o ponto principal: a sua consciência pode passar por uma transformação radical? Ela só pode passar por isso quando o fato central tiver sido percebido —, o fato de que o observador é o observado. Quando você percebe isso, todo o conflito interno terá fim. Mas onde há separação entre o observador e o observado, entre raiva e não raiva, há conflito. Quando os árabes e judeus virem que eles são os mesmos seres humanos, não haverá necessidade de conflito. Você é capaz de observar o seu conflito e perceber que ele não é separado de você, que você é o conflito?

Ojai, 13 de Abril de 1975

O problema é: qual a ação que não se baseia sempre na memória? Porque a ação baseada na memória leva, inevitavelmente, à degeneração. Eis o nosso problema. A mente humana vem se degenerando, e um dos fatores dessa degeneração é o conflito, o medo e a incessante busca de prazer, tudo isso com base no movimento do pensamento, que é um processo material. Existe alguma ação que não seja degenerada? Existe alguma ação que seja percepção e ação? Perceber com exatidão e agir sem intervalo de tempo.

Deixe-me dizer isso de outra forma. A vida é relacionamento. Sem relacionamento não há vida, o viver. E, no entanto, no relacionamento há uma grande dose de memória acumulada; entre duas pessoas há feridas, censuras, prazeres, aborrecimentos, dominação, etc. Você sabe o que ocorre nos relacionamentos. Tudo isso está guardado na memória na forma de imagens. Você tem uma imagem dela e ela tem uma imagem de você. E essas duas imagens dizem: "Temos um relacionamento. Nós nos amamos." Veja o que vem acontecendo: o amor foi reduzido às imagens que vocês têm um do outro. Essas imagens são lembranças, e assim você chama de amor uma lembrança do passado. Isso é um fato; isso acontece na vida diária. Bem, mas você seria capaz de viver sem essas imagens? Só assim existiria o amor. Nesse relacionamento em que não há imagem existe ação a cada novo momento, e essa ação é sempre original.

Você se relaciona intimamente com alguém, com sua mulher, com sua namorada, com seu namorado ou quem quer que seja. Tendo vivido juntos um dia, ou quinze ou trinta anos, você criou, formou uma imagem a respeito dele ou dela. Isso é um fato. Você pode ver isso em sua própria vida. Esse acúmulo de vários incidentes, insultos, aborrecimentos, impaciência, raiva, prazer, dominação, tornou-se uma lembrança, uma imagem e essa imagem reage sempre. A lembrança reage sem cessar no relacionamento. Porém, pergunto, você seria capaz de viver sem construir nenhum tipo de imagem? Só assim haverá relacionamento. Mas, insisto, você seria capaz de fazer isso, não criar jamais uma imagem, aconteça o que acontecer? Não diga sim nem não; você vai descobrir. Se você disser: "Não, isso não é possível", não tem problema; você continua seguindo seu próprio caminho. Mas se você quiser descobrir, ou seja, descobrir como viver de maneira diferente, você precisa fazer a si mesmo esta pergunta: você é capaz de viver sem nenhuma imagem? Quer descobrir? Vou apontar isso para você e caminharemos juntos. Não sou o seu guru, graças a Deus, nem o seu mestre nem o seu intérprete — nada.

Você precisa descobrir o que é atenção e o que é desatenção. Eu me relaciono intimamente com você, e tenho uma imagem de você. Por que surgiu esta imagem, afinal de contas? A imagem surge quando há atenção? Então preciso descobrir o que é atenção.

O que é atenção? Será concentração? O que é concentração? Quando você se concentra, você exclui; ao se concentrar, você coloca todo o seu ser num determinado ponto. E constrói, portanto, uma resistência em torno de você; nessa resistência existe conflito, o não querer e o querer. Preciso então descobrir o que é atenção. Se existe atenção, haverá alguma imagem? Porque o relacionamento é da mais alta importância na vida. Se tenho um relacionamento adequado com você, tenho um relacionamento adequado com todos, com tudo, com a natureza, com o meu vizinho, com tudo na vida. E porque não tenho relacionamento adequado com você, tudo dá errado. Preciso descobrir: quando há atenção haverá alguma imagem? Ou será que só há imagem quando há desatenção? Você compreende a minha pergunta? Você é hostil comigo porque você é minha mulher, ou marido, ou o que for. Porque não estou prestando atenção, isso fica registrado. Mas se eu prestar atenção completamente, no momento do insulto, será que registro algo? Descubra. Experimente, faça isso. Ou seja, quando existe atenção, não existe núcleo. Quando você se concentra, existe um núcleo. Quando você dedica atenção total, não existe eu, imagem, nada. Se agora, por exemplo, você estiver ouvindo com toda a atenção, se você estiver, o que ocorre? Não há como concordar ou discordar: existe cuidado, afeição, amor. Então, você está ouvindo completamente. Da mesma forma, quando no relacionamento há uma palavra, um gesto, um olhar que magoa, se nesse momento houver atenção completa, não há imagem, nada para registrar.

Saanen, 30 de Julho de 1978

O que entendemos pela palavra *ordem*? Ao ouvir essa palavra, qual é o sentimento, a reação, a resposta instintiva de vocês? Ordem, segundo os totalitários, significa obedecer a poucos e se amoldar a determinado padrão por eles estabelecido. Estou tentando falar de modo simples, mas isso está bom o suficiente para entender o que vocês pretendem dizer com a palavra *ordem*. Não haverá dissidentes; todos pensamos da mesma maneira; todos trabalhamos para o Estado. Qualquer um que se desvie será chamado de dissidente e será destruído. Esse é um tipo de ordem. Vamos analisar isso.

Em seguida, temos a ordem vitoriana — uso aqui o termo *vitoriano* para me referir ao período em torno do final do século XIX — que significava manter tudo em ordem exteriormente. Por dentro, você podia ter o caos, uma bagunça completa, desgraça; mas por fora, a aparência de absoluta ordem. Em oposição a isso, em época mais recente, cultivamos a permissividade. Para o homem ou mulher, membros de uma sociedade permissiva, a ordem é algo abominável. Para o homem ou a mulher da era vitoriana, a ordem era controle, implicava a não-demonstração das próprias emoções, o segurar-se, o reprimir. E agora temos a ordem totalitária. Tudo isso são fatos simples, fatos do dia-a-dia. Por fora, dizemos que precisamos de paz e, por dentro, vivemos numa grande desordem. Vocês diriam isso? Desordem significa contradição, confusão, dar importância a certos fatos em oposição a outros; o sexo passa a ser de enorme importância, talvez o que exista de mais importante, e o resto você põe de lado ou relega a um plano secundário.

E por dentro há uma batalha e uma luta constantes — tudo isso é desordem. Isso ficou claro, com certeza.

Mas, vejamos: o que produz a desordem, tanto a externa quanto a interna? Será que nos damos conta de que vivemos em desordem? Externamente, existe desordem quando ocorre uma guerra, isto é, o terrorismo total abençoado pelos sacerdotes e pelos homens de respeito. Esse terrorismo é uma desordem óbvia, mas é respeitável, é aceito por todos os seres humanos como algo necessário. Há desordem quando existem nacionalidades. Portanto, por fora há desordem; por dentro, desordem. Será que conhecemos a nossa desordem interior? Quando lemos os jornais e revistas, ficamos sabendo dessa monstruosa desordem exterior. Mas é mais difícil entrar em contato com a desordem interior. E agora estou a me perguntar, e vocês a perguntar, qual é a raiz dessa desordem, por que vivemos dessa forma? Por que toleramos isso? Por que aceitamos isso? Existe desordem entre homem e mulher. Por mais íntimo, agradável, reconfortante e satisfatório que seja o seu relacionamento, há uma luta contínua entre homem e mulher, e essa luta é desordem.

Questionador: Não é sempre assim.

Krishnamurti: Existem exceções, admito. Uma ou duas, meia dúzia, umas poucas pessoas no mundo podem ter um relacionamento maravilhoso um com o outro, mas um relacionamento apavorante e assustador com o mundo. Eu disse: podem ter.

Sendo assim, antes de mais nada, pergunto: Será que sabemos disso? Estamos interiormente a par, cientes? Será que enxergamos ou observamos a desordem em nossas vidas? Pode haver exceções, aquela senhora e alguns outros. Se você não perceber a desordem na sua própria vida, quem poderá fazer com que você a perceba? Ninguém se preocupa com isso. Ao contrário, eles preferem que vocês vivam em desordem; para a sociedade e para os negócios, é vantajoso que vocês vivam em desordem, porque a partir do momento em que você tiver ordem interior, você passa a representar uma ameaça.

Sendo assim, por favor, descubram por vocês mesmos se a sua

vida interior é ordeira ou se você vive em desordem. Viver de forma ordeira pode significar amoldar-se a um padrão, a uma tradição. Isso, de modo geral, é chamado de vida ordeira. Conformar-se com os ensinamentos religiosos — dos monges, dos gurus, dos mestres, dos assim chamados livros sagrados — se você segue e se amolda a eles, você diz: "Vivo de forma ordeira." Mas será que a conformidade produz a ordem? Ou será ela a verdadeira raiz da desordem? A pessoa se amolda quando veste calças e camisa neste país; quando vai para a Índia, veste outras roupas. Mas pretendemos tratar é da conformidade interior, psicológica. Será que nos amoldamos? Será que a pessoa sabe, percebe que está se amoldando?

*

Vamos nos aprofundar nisso. Vamos começar com esta pergunta: será que eu — ou você — estou me amoldando a um padrão estabelecido pela sociedade ou que eu estabeleci para mim mesmo? Posso rejeitar a autoridade externa; mas por dentro tenho a autoridade da minha experiência, do meu conhecimento, e me amoldo a isso. E isso também é conformidade. Você conhece esse fato por você mesmo? Se não conhece, ninguém vai fazê-lo despertar. Ninguém pressionará você para que diga: "Sim, vivo em desordem; acabo de descobrir." Porque através de pressão você não descobrirá. É a pressão de fora que faz você se amoldar ou não se amoldar. Portanto, se me permitem perguntar mais uma vez, você está se indagando: "Será que estou me amoldando psicologicamente de alguma maneira?" Esse é um dos pontos mais sutis e importantes a serem examinados em profundidade. Você precisa amoldar-se a certas leis; você precisa dirigir seu carro na direita, na Europa, e na esquerda, na Inglaterra. Se você diz: "Bem, não vou me amoldar", e dirige na direita, o policial inglês vai atrás de você.

Assim, por favor, pergunte a si mesmo se você está se amoldando à tradição, às suas reações agressivas e violentas. Você está se amoldando a tudo isso? Veja como é grave esse problema. Verificar se você está imitando, não externa mas interiormente, imitando psicologicamente. Você será capaz de perder algum tempo, talvez toda uma tarde, uma noite, ou algum tempo durante o dia, para olhar para você mesmo? É isso que você está fazendo agora: se me permitem dizê-lo, com o maior respeito, você neste momento está olhando para você mesmo, procurando descobrir por si próprio se está ou não se amoldando, imitando, se está se amoldando a um padrão, com um outra pessoa se amoldando a um padrão diferente, de forma que há conflito entre os dois e, portanto, desordem.

Em seguida, se você descobre, verifica, percebe que está em desordem, você permanecerá nela — não tentará mudar, não tentará dizer: "Preciso superar isso, suprimir, compreender, racionalizar isso?" Tratará apenas de segurá-la em seus braços, por assim dizer, sem nenhum movimento? É o bebê adormecido em seus braços; no momento em que você se mexe, ele vai acordar e chorar.

Esse é o ponto: será que a pessoa vai compreender e levar a ordem para a própria vida por meio de regras, disciplina, controle e repressão, ou observará em si própria a desordem sem tratar de fugir dela, sem traduzi-la em suas próprias idiossincrasias, em seu temperamento, contentando-se em olhar para ela, em observar e examinar?

Dissemos em outra ocasião que a palavra *arte* significa colocar tudo no seu devido lugar, não atribuindo importância indevida ao que quer que seja. Se você dá importância exagerada à tecnologia, outras formas de existência receberão pouca importância; daí surge a desarmonia. Se você dá ao sexo importância exagerada, exaustiva, se só ele tem importância no mundo, como acontece com a maioria das pessoas — talvez haja exceções —, então também você exagera e cria desarmonia. Se você atribui ao dinheiro toda importância, de novo há contradição — ou se você afirma que o poder, a dominação é o importante, também ocorre a contradição. Viver harmoniosamente, por conseguinte, significa colocar tudo no seu devido lugar. Será que você fará isso: não dar ao seu corpo a tremenda importância que dá o Ocidente, com a sua forma de vestir, com a sua aparência — o que não significa que você não deva se vestir bem e adequadamente. Será que você fará tudo isso? Caso contrário, por que falar a respeito de ordem? Não tem sentido algum. Mas se a pessoa quer viver em ordem e, portanto, em harmonia e com um sentimento de grande beleza e, talvez, também de paz, então você precisa ter ordem.

A ordem não tem nada a ver com olhar as vitrines! Você nunca compra nada, mas vai de loja em loja, e acredita que isso é ter a mente aberta, passar de um livro a outro, de um mestre a outro, de um filósofo a outro. *Nunca, nunca, jamais permanecendo num único lugar e descobrindo.* Por que as pessoas agem assim? Já pensou nisso? Elas vão para a Índia; elas estão saturadas dos sacerdotes daqui, talvez haja alguém por lá. Isso é tolice romântica. A isso se dá o nome de armazenar conhecimentos ou de ter a mente aberta. Não se trata, na verdade, de mente aberta; mas de uma grande peneira com buracos enormes, com nada nela a não ser buracos! Fazemos isso o tempo todo de diversas maneiras. Então, pergunto, será que você está sendo sério, empenhado, dedicado o bastante, para viver uma vida de ordem total?

Q: Parece mais fácil viver em desordem.

K: É mais fácil viver em desordem — será mesmo?

Q: Eles certamente não perceberam o que é a desordem porque gostam de viver em desordem.

K: Por favor, vamos descobrir por nós mesmos se nós gostamos de viver em desordem — aparentemente, a maioria das pessoas gosta —, desordem no quarto, e assim por diante; se gostarmos disso, não há nada para ser dito a respeito. Mas se você diz que viver em desordem faz estragos na vida da pessoa, causa desgraças, confusão, violência, então obviamente você precisa reconhecer, precisa familiarizar-se com a sua desordem.

Se você descobre que vive em desordem, para descobrir o que deve fazer ou não fazer, é preciso examinar a questão: qual a verdadeira raiz da desordem que produz toda esta confusão, conflito e desgraça? A desordem total, na forma em que vivemos — qual a raiz disso? Não digam, "Sou eu", ou "O ego" — isto são palavras — ou pensamentos. Mas descubram por vocês mesmos.

Q: Concordamos com o terror da maioria...

K: Senhor, jogue tudo isso fora. Jogue fora Krishnamurti e toda essa bobagem e descubra por si mesmo. Realmente não estou nem um pouco interessado em mim mesmo. Estou muito velho para esse tipo de tolice infantil.

Q: O fato de não nos preocuparmos com os outros é a origem da desordem.

K: Estamos falando a respeito da desordem. Qual é a razão, a origem, a essência da desordem? Espere um momento, não cite ninguém, nem a mim mesmo. Porque, se o fizer, estará apenas respondendo, dizendo algo que outros disseram. Portanto, jogue fora o que os outros disseram, incluindo a minha pessoa. Não pertençam a Krishnamurti; isso seria fatal. Não formem grupos de Krishnamurti, pelo amor de Deus.

Qual é a raiz da desordem? Tudo o que é limitado, tudo o que funciona dentro de um espaço estreito, produz desordem. Se eu amo você como ser humano e odeio os outros, se sou ligado a você e não dou a mínima bola para o mundo, contanto que você e eu estejamos perfeitamente felizes no nosso pequeno lar, certamente isso criará desordem. Dessa forma, estamos descobrindo algo: o que quer que aja, que viva em espaço pequeno, dentro de uma pequena casca ou mesmo de uma casca enorme, ainda assim é limitado. O que quer que se mova, funcione e aja dentro de um espaço estreito criará desordem. Se pertenço a este guru a não àquele outro, estou agindo limitadamente. É óbvio. Mas se não tenho nenhum guru, não sigo ninguém em absoluto, posso agir amplamente.

Por conseguinte, pergunto, será a desordem produzida por uma forma limitada de vida? Meu marido e ninguém mais. Eu afirmo que preciso ser gentil, generoso, ter compaixão, preciso amar os outros — mas são apenas palavras, porque todo o meu núcleo gira em torno de uma pessoa ou objeto. Isso pode provocar desordem. Assim, descobri que qualquer ação limitada cria desordem. Ou seja, se eu ajo como nacionalista, há desordem; se eu ajo como católico, protestante, hindu, budista e tudo o mais, há desordem.

Bem, mas você já olhou para você mesmo; já se familiarizou consigo mesmo e disse: "Eu sou assim. Vou acabar com isso, terminar"? Se você estiver interessado em descobrir o que é a ordem, tudo o que cria desordem é posto de lado instantaneamente. É como um cientista fazendo uma pesquisa que é a sua preocupação central e à qual ele dedica toda sua vida; todo o resto lhe é secundário. Você é capaz de descobrir por sua própria conta se vem agindo, vivendo em um círculo reduzido?

Q: O senhor acha que é fácil a pessoa mudar a si mesma? Ou seja, ter uma visão: existe a desordem, e essa é a razão.

K: Será fácil a pessoa mudar a si mesma? Essa é a questão central. Eu afirmo que sim. Não *acreditem* nisso, porque vocês não irão mudar com tanta facilidade. Se você enxerga uma ameaça real, como enxerga o perigo de um precipício, você age. Mas você não enxerga o perigo de uma ação limitada, de uma forma limitada de vida. Ou seja, eu estou ligado a você, você é minha e, pelo amor de Deus, vamos viver juntos em paz, não vamos discutir, vamos esquecer do mundo — o mundo é feio. Eu preciso sair para o mundo porque preciso ganhar dinheiro e tudo o mais, mas nós dois estamos juntos. Isso é bastante infantil.

*

Quando você compreende o perigo que a desordem representa na sua vida, desordem que se manifesta sob diferentes formas — conformidade, viver numa trilha estreita, ou ela pode ser larga mas ainda assim será uma trilha, se você percebe tudo isso, não verbal nem intelectualmente, mas enxerga com exatidão o perigo disso tudo, pronto. A ordem foi alcançada.

Q: Acho que não é nada fácil a pessoa mudar a si própria. Tenho uma visão agora, percebo os perigos, mas em seguida volto para a cidade, para os meus amigos, e esqueço isso.

K: A cidade, os negócios, a mulher, o marido, são o que há de mais perigoso, porque tudo isso envolve apego. Um momento. Isso não significa que você não possa ser casado, ter uma namorada e tudo o mais, mas, por favor, procure enxergar o perigo de viver, como o fazemos, num círculo tão estreito. Vocês sabem, em Saanen, este pequeno vilarejo, as pessoas falam alemão. Dois quilômetros mais diante, elas falam francês, e as pessoas pouco se encontram umas com as outras; elas se mantêm num círculo fechado. Bem, estamos fazendo o mesmo. Percebem o perigo dessa forma de viver? Se não o percebem, como alguém poderá fazê-los ver, ajudá-los a ver? Digamos que eu não enxergue o perigo da conformidade a uma tradição, a um padrão, seja ele externo ou interno; não vejo como isso pode causar desordem. Você me explicou de dez maneiras diferentes, mas eu me recuso a enxergar. Compreende? Porque isso perturba, e eu estou acostumado a viver de maneira desordenada, e o fato de você pedir que eu perceba isso me mete medo. Fico assustado com isso.

Vocês se acostumaram à desordem; se acostumaram às guerras; se acostumaram a discutir com a mulher, com o marido. Vocês se acostumaram a viver nesse caos. Sabem, isso é interessante: a palavra *cosmos* significa ordem, e o universo está em ordem, em completa ordem. E, apesar de vivermos em desordem, tentamos compreender o cosmos, o universo. Como compreender algo que existe numa ordem total, sem nenhuma ruptura, quando eu mesmo vivo em desordem?

Bombaim, 31 de Janeiro de 1981

O que cada um de vocês deseja? Não posso lhes dar dinheiro, trabalho, levá-los para o céu, para a salvação; portanto, o que pode fazer o orador? Tudo o que pode fazer é apontar certos fatores, incidentes, experiências que são prejudiciais à existência humana; ele pode apontar que o nacionalismo é um grande perigo, o comunalismo é um grande perigo, uma pequena comunidade que se opõe à existência global é um grande perigo, que qualquer religião que não liberta o homem é um perigo extraordinário — que os livros de vocês, os assim chamados livros sagrados, são destituídos de qualquer valor se não ajudarem a pessoa a se libertar. Sendo assim, pergunto, podemos juntos nos ajudar mutuamente a nos libertar — libertar do medo, do sofrimento, da ansiedade, de forma que tenhamos algum tipo de paz e de amor no mundo? Podemos fazer isso juntos? Ou isso é impossível? Você gostaria que o orador falasse sobre como acabar com o sofrimento? Gostaria que o orador fornecesse uma forma de viver diferente daquela pela qual vive hoje? Será possível que juntos possamos produzir uma sociedade diferente? Isso só será possível se nossos relacionamentos forem corretos, se nossas ações forem adequadas.

Vamos pensar sobre o que vem a ser a ação adequada? A ação que é adequada sob quaisquer circunstâncias, onde quer que você more, qualquer que seja o ambiente, não importa se sua atividade é limitada — será que podemos descobrir juntos o que vem a ser essa ação? Isso é importante. Vamos descobrir juntos o significado destas duas palavras, *adequado* e *ação*. Quando usamos a palavra *adequado*, isto significa inteiro, não fragmentado, não quebrado, uma ação completa na qual não há arrependimentos, que não traz consigo nenhum tipo de perturbação. Adequado é o movimento sempre inteiro, preciso, acurado, sejam quais forem as circunstâncias. E ação significa fazer — fazer — e não "já fez" ou "vai fazer". Logo, ação adequada significa fazer, significa a ação que é inteira, imediata. Qual é a nossa ação real agora? Ela se baseia num ideal, numa recordação ou numa ação que *deveria ser* feita e, sendo assim, nossa ação é um eterno construir, um eterno vir-a-ser. Se cada ação nossa tiver um motivo, tal ação será essencialmente inação, porque nessa ação você busca sempre se transformar e, portanto, se preocupa apenas com a transformação e não com a ação. Vamos, pois, descobrir por nós mesmos o que vem a ser a ação adequada.

Se vocês conseguirem entender isso por vocês mesmos, terão resolvido inúmeros problemas. Toda a nossa vida é um vir-a-ser. Se você é funcionário de um escritório, quer chegar a gerente; se é gerente, quer ser o diretor-executivo, e assim por diante. Você quer subir a escada, seja nos negócios, seja na política, e o mesmo acontece no mundo religioso. No mundo religioso, se você é praticante, se segue certos ditames, conceitos e idéias, você também está num constante tornar-se, conquistar. Dessa forma, nossa vida, se observarem bem, é um processo constante de vir-a-ser. E, nesse vir-a-ser, o tempo é elemento essencial. Eu sou isso, eu serei aquilo, o que significa um movimento daqui para lá, uma distância psicológica. Você precisa de tempo para ir daqui para sua casa. Isso, é claro, é necessário, pois você mora perto ou longe, isso requer tempo. Intimamente, psicologicamente, você diz para você mesmo: eu sou isso, mas eu me tornarei aquilo. Existe uma distância entre o que você é e o que você quer ser, e esse é o tempo no qual você se transforma. Nossa vida, então, é sempre um vir-a-ser, e nesse vir-a-ser existe ação. Certo? A ação, portanto, jamais é completa. Será que vocês percebem isso? Ao permitir que haja tempo na ação, esse tempo indica que você está vindo de um ponto a outro. Sua ação será sempre e inevitavelmente limitada e, assim, qualquer ação que seja limitada nos produzirá grande conflito.

Mas existirá uma ação que não inclua o tempo? Por favor, percebam a importância disso. Existe o tempo biológico, o crescimento da criança, existe o tempo psicológico e existe o tempo do relógio, que é dia e noite. Sendo assim, existem três tipos de tempo: tempo biológico, você não pode pará-lo, é o tempo gravado nos próprios genes. Para passar da infância para a fase adulta, e daí para a velhice, o tempo é indispensável. E o tempo é necessário para se ir daqui até sua casa. Porém, acreditamos que o tempo é também necessário para produzir a ação adequada: vou aprender o que é ação adequada e esse aprendizado significa tempo. Então, pergunto, existirá uma ação que não inclua o tempo, ou seja, haverá uma ação que não é controlada pela idéia de vir-a-ser? Certo? Por favor, veja a importância do que está implícito no tempo, no tempo psicológico. Ou seja, eu sinto raiva; preciso de tempo para superar minha raiva. Nosso cérebro funciona assim; durante milênios ele se habituou a funcionar dessa maneira. Você acredita que a inspiração ou iluminação exige tempo, vida após vida, seguindo um sistema de meditação, obedecendo, tudo coisas que exigem tempo.

Estamos afirmando que o tempo é perigoso. O tempo psicológico é perigoso porque o impede de agir. Se você é violento e diz: "Serei não-violento", você consumiu tempo. Durante esse tempo você não ficou livre da violência; você continua violento. Assim, se você compreender a natureza do tempo, haverá ação imediata. Ou seja, termina imediatamente a violência. Vamos compreender a questão do tempo. Isso é de enorme importância porque achamos que o tempo é necessário para mudar; achamos que o tempo é necessário para crescer, para evoluir — esse tempo representa, exatamente, o que somos e o que deveríamos ser. Essa é nossa tradição constante e contínua, nosso condicionamento. Estamos agora apontando o *perigo* do tempo psicológico, não do tempo biológico ou do tempo do relógio, mas do tempo psicológico, ou seja, admitir o amanhã, um amanhã que pode ser daqui a cem dias, a idéia de que é preciso tempo para mudar do "o que é" para "o que deveria ser". Afirmo que um dos maiores perigos da vida é admitir o tempo na ação. Agora, espere um pouco. Preciso de tempo para aprender uma língua; preciso de tempo para me formar em engenharia. Se quero ser um especialista em computadores, preciso estudar, me aprofundar, e isso toma tempo; leva tempo para ir daqui até a sua casa. Precisamos fisicamente de tempo para ir daqui até ali. Precisamos de tempo para aprender uma língua; precisamos de tempo para nos tornarmos especialistas em algo; para ser um bom carpinteiro, você precisa de tempo.

Sendo assim, todo o nosso cérebro trabalha com o conceito de tempo. Toda a nossa vida significa vir-a-ser algo. E esse vir-a-ser é o fator mais perigoso na ação. Vejam: nunca nos perguntamos se é possível não haver amanhã, não haver futuro; o futuro é o vir-a-ser. E também nunca investigamos o que é *ser*. Aceitamos a tradição, o condicionamento, que diz que toda a vida é vir-a-ser. Você planta uma semente; ela se torna uma planta, uma árvore; isso leva tempo. E esse mesmo movimento é aceito no mundo psicológico. Queremos questionar isso. E afirmamos que qualquer forma de vir-a-ser psicológico não só impede a ação verdadeira como também não passa de uma ilusão. *Não existe amanhã psicológico*: o pensamento criou a idéia do vir-a-ser, e o pensamento projetou o amanhã — não que não haja amanhã; existe: você vai se levantar amanhã — projetou a idéia de que na psicologia, interiormente, eu me tornarei algo; ao final, eu chegarei no céu; atingirei a iluminação; ao final de muitas vidas, se eu viver corretamente, terei a minha recompensa. O tempo é necessário para que uma planta cresça, e nós acreditamos que, para vir-a-ser algo, ele também seja necessário.

Bem, mas nesse vir-a-ser residem todos os nossos problemas: preciso ser melhor, mais amoroso, ou eu tenho grande cobiça por dinheiro, vivo atrás de dinheiro, dinheiro, dinheiro. Percebem o que acontece? O cérebro é resultado do tempo, ele evoluiu do macaco até os dias de hoje; cresceu através da experiência, do conhecimento, da memória, do pensamento e da ação. Percebem agora o que acontece? Experiência, conhecimento, memória, ação — para adquirir conhecimento é preciso tempo.

A pergunta é: qual é a ação correta? Ela não pode se dar no campo do tempo. É impossível aprender acerca da ação correta. Se eu aprender acerca da ação correta, esse aprendizado demanda tempo. Mas se você apreender todo o significado disso num relance, a partir dessa percepção imediata *existe* uma ação que não inclui o tempo. Vou me aprofundar nisso.

Como eu já disse, o tempo é perigoso. Ou você percebe e age de forma imediata e direta, já, ou você ouve e responde: "Vou pensar sobre o que você disse e verificar se você tem razão ou não." Nesse caso, você está tomando tempo, ao passo que se você diz: "Vou ouvir com atenção o que ele diz", isso significa que você decidiu prestar atenção, e essa atenção não toma tempo. Você presta atenção, você ouve; e não, você irá ouvir, ou melhor, irá ouvir e interpretar o que se diz — e isso toma tempo — ou você traduz o que ouve naquilo que já sabe, o que também toma tempo. Você é capaz de ouvir de maneira tão completa de forma a captar de imediato o significado do tempo? Vou voltar a isso. Os cientistas, em especial os especialistas em computadores, verificaram que tudo o que o pensamento pode fazer ou fez os computadores também podem. Isso é um fato. Tudo que o pensamento pode fazer o computador também pode, e mais rápido, com mais precisão; ele pode realizar prodígios. Os cientistas se perguntam agora o que vem a ser a inteligência. Se o computador é capaz de fazer tudo o que o pensamento pode fazer, o que é o homem? Bem, mas o computador é programado por um ser humano, e o computador jamais ficará livre do conhecimento; ele se baseia no conhecimento. Os seres humanos podem viver livres do conhecimento. Essa é a única diferença. A libertação do conhecimento é libertar-se do tempo.

O homem é o único que pode se livrar do conhecido. O computador não pode. O conhecido é tempo; adquirir conhecimento requer tempo. Espere, para se conhecer você acha que o tempo é necessário. Conhecer a mim mesmo é ler o livro da humanidade. Eu sou a humanidade, e acho que preciso de tempo para ler esse livro. Preciso compreender por que tenho reações, por que tenho uma memória acumulada, por que isso ou aquilo. Assim, para ler esse livro que é o autoconhecimento, achamos que o tempo é necessário. Ou seja, preciso conhecer a mim mesmo, que é toda a estrutura do conhecimento. Para conhecer a mim mesmo, acho que preciso de tempo. Sim, pois para aprender sobre mim mesmo ou sobre você estamos aplicando o mesmo princípio usado para a tarefa de aprender uma língua. Sendo assim, achamos que o tempo é necessário. *E não preciso de tempo para isso.* Nós achamos que o tempo é necessário para vir-a-ser.

E agora perguntamos: a ação adequada exige tempo? Vou lhes

mostrar uma coisa. Nossas ações baseiam-se na experiência, no conhecimento, nas recordações, no pensamento. Essa é a cadeia segundo a qual vivemos, segundo a qual agimos. Esse processo é um movimento no tempo. Agora estamos apontando para algo diferente, ou seja, para o fato de que esse movimento de conhecimento, experiência, memória, ação, e depois repetir o mesmo padrão, é tempo, e como temos vivido segundo esse processo, estamos presos, condicionados por ele. Bem, mas agir significa fazer agora, não amanhã, não ontem. Ação significa fazer, fazer sem tempo. Isso é ação. Sendo assim, se você tem um problema, não carregue o problema de um dia para o outro, não espere que o tempo o solucione; o tempo jamais o solucionará. Não sobrecarregue a mente com problemas psicológicos. Se você é um técnico, você foi treinado para solucionar problemas. Isso é simples. Mas você está sendo condicionado pelo tempo, ou seja, está condicionado a adquirir conhecimento e a agir a partir do conhecimento, agir a partir do que aprendeu. Peço que você perceba esse movimento — experiência, conhecimento, memória, pensamento, ação — veja esse fato. Isso é um fato; perceba-o com os sentidos, tome consciência disso. Se você enxergar isso com clareza, sua percepção será independente do tempo e, portanto, ocorrerá a ação na qual o tempo não está envolvido em absoluto. Vou mostrar.

A maioria das pessoas fica ferida psicologicamente na infância. Na escola, você é comparado com alguém mais inteligente, e isso dói. Essa ferida o acompanha durante a escola, na faculdade, na universidade, ou então você é machucado psicologicamente, interiormente, de alguma outra maneira, por alguém, por uma palavra, por um gesto, um olhar. Todos nós somos, a maior parte dos seres humanos, feridos psicologicamente. *O que ficou ferido foi a imagem que você construiu acerca de si mesmo.* Isso é claro. A *imagem* está ferida. Enquanto você possuir uma imagem, você irá se machucar ou ficar lisonjeado — é o mesmo; são os dois lados da mesma moeda. Isso é um fato. Muitos seres humanos foram machucados — eles carregam isso a vida toda — e essas feridas resultam num afastamento cada vez maior, no medo, em resistências, fuga, isolamento. Vocês percebem tudo isso. Ou melhor, vocês ouviram; vocês percebem as razões, a lógica; vocês compreenderam intelectualmente, e isso indica que compreenderam apenas o significado verbal, mas não enxergam a verdade real disso tudo. A verdade é que, enquanto você estiver ferido, esse ferimento é a imagem que você tem acerca de si mesmo, imagem essa criada pela sociedade, pela família, pela educação, etc. Você construiu essa imagem como o político constrói uma imagem acerca de si mesmo, desejoso de poder, de posição, e quando a sociedade chega e espeta um alfinete na sua imagem, você se machuca. Bem, percebem agora o fato ou trata-se de uma mera idéia? Compreendem a diferença?

Você ouve as palavras que são ditas. Você ouve e em seguida faz uma abstração disso; essa abstração se transforma numa idéia que você passa a perseguir, em lugar da realidade. Percebe o fato real de que você tem uma imagem acerca de si mesmo? Se tem, e isso é um fato, essa imagem vai se ferir. Você não pode fugir dela. Ela permanece ali. Bem, mas será que você é capaz de compreender que, enquanto possuir uma auto-imagem, você vai se machucar? Percebe isso como um fato? Se perceber isso como um fato, você poderá investigar quem foi que o criou. O pensamento, a experiência, a educação, a família, a tradição, tudo isso contribui para a formação da imagem. E você percebe a verdade: enquanto você tiver essa imagem você vai se machucar, com todas as conseqüências disso. Se você perceber isso, se perceber o fato real, a imagem desaparecerá de imediato. Se você diz: "Como me livrar dessa imagem? Mostre-me o método, vou praticá-lo", em tudo isso você inclui o tempo, perpetuando, assim, a imagem. Ao passo que se você vê o fato, a verdade de que, por ter uma imagem acerca de algo, você vai se ferir, enxergar a verdade é acabar com a imagem. Ou seja, é importante enxergar o fato. Percepção e ação imediata.

Sendo assim, nós, seres humanos, temos problemas. Como eu disse, um desses problemas é o conflito, conflito entre "o que é" e "o que deveria ser". Esse é um conflito. E a crença, de qualquer natureza, que dá certa segurança psicológica, atua em detrimento do homem. Se você percebe que o conflito é um perigo, olhe para ele, veja todas as conseqüências dele, olhe para ele como um fato e não tente se afastar desse fato; assim, essa mesma percepção será o fim desses problemas. Eis por que é preciso compreender a enorme complexidade do tempo. Compreender isso de forma intelectual não tem nenhum valor; é mera comunicação verbal. Mas se você realmente compreende, ou seja, enxerga mesmo a verdade de que você tem cobiça — e não diz "não devo ter cobiça", pois assim você estaria se desviando — se você continua a ter cobiça e percebe isso num instante, essa mesma percepção é a ação que põe fim à cobiça. Você está *fazendo* isso ou apenas aceitando isso *verbalmente*?

Como dissemos, estivemos explorando juntos o cérebro humano, a vida humana, a vida diária com todos os seus conflitos, ilusões, etc. E o fato de acreditarmos que o tempo, que a próxima vida, resolverão todos esses problemas. O tempo, porém, é o maior inimigo que se pode ter, porque o tempo impede a ação, ação que é um todo, que é completa, indivisível, de forma a não deixar marcas tais como o arrependimento. Então, se ouvirem com atenção, se enxergarem isso por vocês mesmos, vocês compreenderão que libertar-se do tempo é a maior iluminação.

Ojai, 2 de Maio de 1982

Juntos, estamos observando os motivos pelos quais os seres humanos não podem viver em paz entre si. Isso é a constatação de um fato, não é exagero; e pode-se abordar este fato através de uma observação pura, objetiva e impessoal, ou com uma reação pessoal. Se ele é abordado com uma reação pessoal, o conflito continuará para sempre. Mas se for abordado objetivamente, desapaixonadamente, sem nenhuma direção — qual é o estado de sua mente quando encara o problema? Certo, vamos dizer a mesma coisa de outra forma. Por que existe conflito entre homem e mulher, entre homem e homem, sabem, em toda a gama dos relacionamentos? Olhem para isso, por favor; respondam por vocês mesmos; examinem isso em vocês mesmos; não dependam de mim, do orador — isso não tem nenhum valor. O orador não passa de uma entidade verbal, um telefone. É preciso que *vocês* descubram os motivos. Estamos observando juntos. Vocês não estão aprendendo com o orador; ele não pretende ensinar nada. Vocês não são seguidores dele; ele não é autoridade; não é o guru de vocês.

Observando juntos, vamos descobrir as razões da existência desses conflitos e se é possível acabar com ele de uma vez por todas; não teoricamente, não apenas por um dia, mas pondo fim a ele. Esse conflito existe, tem de existir, porque — não quero dizer isso a vocês porque parece bobagem. Se eu contar a vocês, vocês dirão: "Sim, isso é verdade"; e depois voltarão para casa. Não terá sido uma descoberta de vocês mesmos. Sabem o que acontece psicologicamente quando vocês fazem uma descoberta por sua própria conta? Vocês têm muita energia e precisam dela para libertar suas mentes dos condicionamentos. Eu discuto com a minha mulher, se sou casado, ou com a minha namorada, não importa com quem seja — discuto com ela porque sou um homem solitário, quero possuí-la. Quero depender dela, quero ser confortado por ela, quero o encorajamento, o companheirismo dela, alguém que me diga como sou maravilhoso. Então estou construindo uma imagem a respeito dela; e ela também quer ser possuída, quer que eu a satisfaça sexualmente, quer que eu seja diferente daquilo que sou. Cada qual, vivendo talvez um único dia em companhia do outro, ou uma semana, ou alguns anos, formou uma imagem que se torna conhecimento, conhecimento que cada um tem do outro.

Posso abordar por alguns instantes a questão do conhecimento? Isso é bastante sério. O conhecimento não favorece o relacionamento. Digo que conheço minha mulher porque vivi junto dela; conheço suas tendências, irritações, impetuosidade, ciúmes, e tudo isso acaba se tornando o conhecimento que tenho dela: seu modo de falar, como ela penteia o cabelo, como ela anda. Colecionei uma grande quantidade de informações e de conhecimentos a respeito dela. E ela formou um grande conhecimento a meu respeito, a respeito do meu passado — conhecimento é sempre o passado — não existe conhecimento sobre o futuro. Cada um tem esse tipo de conhecimento sobre o outro.

Precisamos, pois, investigar bastante essa questão do conhecimento: qual o papel do conhecimento na vida? Estamos de acordo com essa observação? O conhecimento transformará o homem? Que papel desempenha o conhecimento em mudar ou acabar com o condicionamento? Isso é condicionamento; eu a condicionei através do conhecimento, e ela me condicionou através do conhecimento. Por favor, eu não estou ensinando nada. Vocês estão observando, com toda sua energia e capacidade de enxergar, esse fato: onde existe conhecimento no relacionamento, haverá conflito. Preciso de conhecimento para dirigir um automóvel, para escrever uma frase, para falar francês ou inglês. Preciso ter conhecimento tecnológico. Se sou um bom carpinteiro, preciso ter conhecimento a respeito da madeira, das ferramentas que utilizo, e assim por diante; mas no relacionamento com minha esposa, com um amigo, com quem quer que seja, esse conhecimento que acumulei, que reuni por meio de tanta e constante irritação, separação, ambição, vai impedir um relacionamento verdadeiro.

Será isso um fato ou não passa de mera suposição, de uma teoria ou idéia? Uma idéia é a abstração de um fato. A palavra grega *idea* significa observar, enxergar, chegar bem perto da percepção, não fazer uma abstração que se transforma numa idéia. Não estamos, pois, lidando com idéias mas com o relacionamento real, no qual há conflito, e esse conflito surge porque acumulei muita informação a respeito dela e ela a meu respeito. Nosso relacionamento, portanto, baseia-se no conhecimento, e o conhecimento jamais poderá ser completo sobre o que quer que seja no mundo. Por favor, verifiquem isso. O conhecimento estará sempre acompanhado pela sombra da ignorância. Você não pode saber sobre o universo. Os astrofísicos podem descrevê-lo, mas para ter noção dessa imensidão não é necessário nenhum conhecimento adquirido através da informação; é preciso que você tenha a mente tão ampla e tão completamente ordenada como o universo. Mas esse é outro assunto.

*

Sendo assim, é importante compreender o papel do conhecimento, e do conhecimento como algo que impede o relacionamento. O amor não é conhecimento; o amor não é recordação. Quando não há conhecimento acerca dela, eu vejo nela um novo ser humano a cada novo dia. Sabem o que isso produz? Vocês são cultos, cheios de conhecimento adquirido nos livros, cheios do que outras pessoas disseram. Eis por que algo tão simples torna-se tão difícil de compreender.

Bombaim, 23 de Janeiro de 1983

Essa glorificação das tribos, a que se deu o nome de nacionalismo, produziu inúmeras guerras; e onde há divisão, não apenas divisão no relacionamento entre homem e mulher, mas divisões raciais, religiosas e de língua, haverá conflito. Já abordamos a questão: por que existe o conflito constante? Qual a raiz disso, qual a razão desse caos, dessa quase anarquia, dos péssimos governos, dos grupos armados, cada nação se preparando para a guerra, acreditando que uma religião é superior à outra? Vemos essa divisão espalhando-se por todo o mundo, e ela já existe historicamente há séculos. Qual a razão disso? Quem é responsável por isso? Dissemos que foi o pensamento que colocou o homem contra o homem — pensamento responsável também pela extraordinária arquitetura, pela pintura, pela poesia, por todo o mundo da tecnologia, da medicina, da cirurgia, das comunicações, dos computadores, dos robôs, etc. O pensamento nos proporcionou boa saúde, progressos na medicina, diversas formas de bem-estar.

Mas o pensamento criou também essa incrível divisão entre o homem e o homem, e assim perguntamos: qual o motivo de tudo isso? Dissemos que onde há uma causa há como acabar com ela; quando você tem determinada doença, a causa pode ser encontrada e a doença, curada. Onde quer que haja uma causa, há como acabar com essa causa. Isso é um fato óbvio. E se o pensamento gerou essa confusão e incerteza, essa permanente ameaça de guerra, se o pensamento é responsável por tudo isso, o que sucederá se o pensamento não for utilizado dessa forma?

Dissemos também que isso não é uma conferência. Estamos investigando, explorando juntos para descobrir por que o homem — e a mulher também, é claro — perpetua o conflito no mundo inteiro, não apenas interior mas exteriormente também — na sociedade, na religião, na economia. Se, como parece bastante óbvio, o pensamento é responsável por essa confusão, pela divisão, por todas as desgraças do ser humano, se o homem aceita isso como um fato, não como uma teoria ou afirmação filosófica, mas se compreende que, por mais esperto, hábil ou erudito que seja, o pensamento é o responsável, o que deve fazer esse homem?

Já dissemos também que o pensamento criou catedrais, templos e mesquitas maravilhosos, e que tudo o que está contido ali é produto do pensamento. O pensamento criou Deus. Quando o pensamento descobre a incerteza, a insegurança e o conflito neste mundo, esse mesmo pensamento busca, inventa uma entidade, um princípio, um ideal que dê segurança e bem-estar, mas esse bem-estar e segurança não passam de invenções dele. Acho que isso é bastante óbvio. Se observarem a si próprios, verão que o pensamento de vocês, não importa se sutil ou estúpido, hábil, esperto, criou essa divisão, esse conflito. Pode-se perguntar: por que existe esse conflito? Por que vivemos desde tempos imemoriais com esse conflito entre o bem e o mal, entre "o que é" e "o que deveria ser", entre o real e o ideal?

Vamos investigar não apenas o motivo de haver conflito, mas também o porquê de existir divisão entre o bom e o mau, entre o que é mal e o que é belo e sagrado. Por favor, estamos pensando juntos, não concordando, não aceitando, mas, tendo observado o estado atual do mundo, a sociedade na qual você vive, seus próprios governos, situação econômica e os diversos gurus, tendo observado tudo isso objetivamente, racionalmente, de forma saudável, pergunto, por que o homem vive em conflito? O que é o conflito? Se eu faço com que você se recorde — e faço isso repetidas vezes —, estamos tendo juntos um diálogo. Você e o orador estão tendo uma conversa, não apenas ouvindo algumas idéias, conceitos ou palavras, mas você está compartilhando. E você só pode compartilhar, participar, se estiver dedicado.

Se tratarmos o que vem sendo dito apenas como uma seqüência de idéias e convicções, nosso diálogo termina aqui; não há comunicação entre você e o orador. Mas ela existirá se você estiver dedicado, plenamente atento a tudo que acontece no mundo — a tirania, a busca de poder, a aceitação do poder, a convivência com o poder. Todo poder é mau, feio, seja o poder sobre a esposa ou o da esposa sobre o marido, ou o poder dos governos por todo o mundo. Onde houver o poder, ele sempre será acompanhado de feiúra.

Estamos procurando os motivos que fazem o homem viver em conflito. Não aquele entre duas pessoas, entre homem e mulher, mas também de uma comunidade contra outra, de um grupo contra outro. Qual a natureza do conflito? Estamos falando sobre questões muito sérias, não se trata de filosofia, mas de investigar a vida que vivemos dia-a-dia, ano após ano até nossa morte. Por que os seres humanos vivem em conflito? Alguns de vocês podem ter visto as cavernas no sul da França, datando de vinte e cinco ou trinta mil anos atrás; existe lá a figura de um homem lutando contra o mal, representado por um touro. Por milhares de anos temos vivido em conflito. Meditar acaba se tornando um conflito. Tudo o que fazemos ou deixamos de fazer acaba virando um conflito.

Existe conflito onde existe comparação? Comparar significa medir; uma pessoa compara-se com outra que pode ser brilhante, inteligente, um homem de posição, poderoso, etc. Onde existe comparação tem de haver medo, tem de haver conflito. Pergunto: pode alguém viver sem nenhum tipo de comparação? Nós achamos que, por nos comparar com alguém, estamos progredindo. Você quer ser como o seu guru ou superar o seu guru, ir além dele. Você quer atingir a iluminação, *status*; você quer um seguidor; quer ser respeitado. Onde existe um vir-a-ser psicológico, há conflito. Estamos pensando da mesma forma a respeito disso? Estamos questionando o vir-a-ser psicológico. Uma criança torna-se adulto; em seguida, cresce em humanidade. Para aprender uma língua, é preciso tempo; para adquirir qualquer habilidade, é preciso tempo. E estamos perguntando: o vir-a-ser psicológico é uma das razões do conflito? Quero que "o que é" se transforme em "o que deveria ser". Eu não sou bom, mas preciso ser bom. Sou cheio de cobiça, sou invejoso, mas talvez um dia me liberte de tudo isso.

O desejo de vir-a-ser, que é medida, comparação, será ele uma das causas do conflito? Haverá outra razão? Haverá dualidade? Isso não é filosofia. Estamos examinando algo para compreender a natureza do conflito e descobrir por nós mesmos se é possível ficar completamente livres de conflitos. O conflito desgasta nosso cérebro, envelhece o cérebro. Um homem que viveu sem conflito é um ser humano extraordinário. Dissipa-se tremenda energia no conflito. Sendo assim, é importante, é necessário — se me permitem dizer isso — compreender o conflito. Bem, mas já vimos como a comparação, a medida, produz conflito.

Além disso, dissemos que há dualidade. Alguns de seus filósofos postularam isso e afirmaram que essa é uma das razões do conflito. Existe a dualidade — noite e dia, luz e sombra, pequeno e grande, brilhante e opaco, sol nascendo e sol se pondo. Fisicamente, existe dualidade. Você é uma mulher e ele é um homem. Por favor, pensem junto com o orador, não aceitem o que ele diz, porque assim poderemos cooperar, juntos. Isso significa que você precisa deixar de lado suas opiniões, convicções e experiências, porque, se você se atém a elas e o outro também se atém às dele, não haverá cooperação, não haverá o pensar juntos. Existe divisão; existe conflito. Então imploro a vocês, vamos pensar juntos, porque isso é sério. Existe mesmo dualidade psicológica? Ou existe apenas "o que é"? Eu sou violento. Esse é o único estado — violência, não a não-violência. A não-violência é apenas uma idéia; não é um fato. Portanto, onde existe violência e não-violência tem de haver conflito. Neste país falou-se incessantemente sobre a não-violência, mas provavelmente vocês também são pessoas bastante violentas. Sendo assim, há o fato e o não-fato: o fato é que os seres humanos no mundo inteiro são violentos. Isso é um fato. A violência significa não apenas a violência física mas também a imitação, a conformidade, a obediência, a aceitação.

Fato é "o que é"; o outro não é. Mas se você foi condicionado pelo outro, ou seja, se, embora sendo violento, você busca a não-violência, você se afasta do fato, e então necessariamente entra em conflito. Porque, ao mesmo tempo que estou buscando a não-violência, estou sendo violento; estou plantando sementes de violência. Existe apenas o fato, e este é que "eu sou violento". Assim, na compreensão da natureza e estrutura da violência reside o fim da violência.

O que existe, pois, é apenas o fato, e não o seu oposto. Isso é claro — que o ideal, o princípio, aquilo a que chamam de nobre, não passa de ilusões. O fato é que somos violentos, ignóbeis, corruptos, incertos, etc. Esses são fatos, e temos que lidar com fatos. Os fatos, quando você os encara, não criam problemas; é assim que as coisas são. Descubro que sou violento, e não tenho nada que se oponha a isso; rejeito o oposto como sem significado. Disponho apenas desse fato. Como encaro o fato? Qual o meu intuito ao examiná-lo? Em que direção quero que o fato se movimente? Preciso me dar conta da natureza e da estrutura do fato, me dar conta disso sem fazer escolhas. Você está procurando fazer isso à medida que falamos? Ou se satisfaz em escutar alegremente este punhado de palavras, recolhendo aqui e ali algumas que lhe parecem convenientes e adequadas, sem escutar em absoluto nossa investigação?

Como se lida com um fato? Como faço para observar o fato de que sou violento? Essa violência se revela quando estou com raiva, com ciúme, quando tento me comparar com o outro. Se estou fazendo tudo isso, é impossível encarar os fatos. A boa mente encara os fatos. Se é homem de negócios, você encara os fatos e lida com eles; você não finge que, por afastar-se deles, irá conquistar outro objetivo. Nesse caso, você não seria um bom homem de negócios. Mas aqui nós somos bastante ineficientes e não mudamos porque não lidamos com os fatos. Psicologicamente, interiormente, nós os evitamos. Fugimos deles ou, quando os descobrimos, nós os reprimimos. Dessa forma, não resolvemos nenhum deles.

Podemos agora passar para outro ponto, que é bastante importante. O que é uma boa mente? Já se perguntaram isso? Será que a mente é boa quando está repleta de conhecimento? E o que é conhecimento? Todos nós temos orgulho de ter grande conhecimento, conhecimento erudito, adquirido através da experiência, de incidentes e acidentes. O conhecimento é recordação acumulada, experiência acumulada, e a experiência jamais pode ser completa. Então, pergunto: a boa mente é aquela repleta de conhecimento? Ou será a boa mente a mente livre, abrangente e global? Ou será a boa mente a mente mesquinha, estreita, nacionalista, tradicional? Esta, obviamente, não é a boa mente. A boa mente é a mente livre. Não é a mente contemporânea. Uma boa mente não é a mente do tempo, não vive preocupada com o ambiente. Ela pode lidar com o ambiente, pode lidar com o tempo. Mas em si mesma ela é completamente livre. E a mente assim não tem medo. O orador diz isso porque nossas mentes foram de tal modo formadas e educadas que não temos nada de original. Não há profundidade; o conhecimento é sempre superficial.

Estamos empenhados em compreender o ser humano, sua mente, ação, comportamento, reações, que são limitadas porque seus sentidos são limitados. Para compreender a profundidade, a natureza do conflito e se existe a possibilidade de se tornar completamente livre dele, é preciso ter uma mente boa, não apenas um acúmulo de palavras. Isso não significa uma mente esperta, hábil, como a maioria de nós possui. Possuímos mentes hábeis, mas não boas mentes. Somos bastante espertos, sutis, ardilosos, desonestos, mas essas não são as qualidades de uma boa mente. Será possível que nós, vivendo no mundo atual, tenhamos uma boa mente, com todas as atividades, pressões e influências, os jornais e a repetição constante — nossas mentes estão sendo programadas como computadores — se você foi programado como hindu ao longo dos últimos três mil anos, você é repetitivo. Essa repetição não é sinal de uma boa mente — que é forte, sadia, ativa, decidida, em permanente estado de alerta e compaixão. Há necessidade dessa mente. Só então será possível produzir a revolução psicológica e, dessa forma, uma nova cultura, uma nova sociedade.

A arte de ouvir consiste em ouvir, enxergar a verdade e agir. Porém nós, nós enxergamos algo como verdadeiro, compreendemos isso logicamente, racionalmente, mas não agimos. Decorre um lapso de tempo entre a percepção e a ação. Entre a percepção e a ação diversos outros incidentes acontecem; assim, você não vai agir nunca. Se você enxerga a violência em você como um fato e não tenta se tornar não-violento, que é um não-fato, você verá a natureza, a complexidade da violência; e logo perceberá que, ouvindo a sua própria violência, ela revelará a sua natureza. Você pode saber disso por você mesmo. Quando perceber sua violência e agir, a violência terá terminado completamente. Ao passo que a percepção seguida de um intervalo antes da ação é conflito.

De Krishnamurti para Ele Mesmo, *Ojai, 31 de Março de 1983*

O homem, agora, faz a si mesmo uma pergunta que devia ter feito há muitos anos, e não no último momento. Ele se preparou para a guerra durante todos os dias de sua vida. Infelizmente, a preparação para a guerra parece ser nossa tendência natural. Depois de ter percorrido um longo caminho nessa direção, nos indagamos agora: o que fazer? O que devem fazer os seres humanos? Encarando o assunto com honestidade, qual é a nossa responsabilidade? É esta a questão a ser respondida pela humanidade atual, e não quais os tipos de instrumentos de guerra que devemos inventar ou construir. Como ocorre sempre, produzimos a crise e depois nos perguntamos o que fazer. Dada a situação atual, os políticos e o grande público decidirão com base em seu orgulho nacional e racial, com suas pátrias e terras natais e todo o resto.

A pergunta surge tarde demais. Precisamos nos indagar, a despeito da ação imediata que é necessária, se é possível acabar com todas as guerras, não com um determinado tipo de guerra, a nuclear ou as convencionais, e descobrir quais são as causas da guerra. Até que essas causas sejam descobertas e anuladas, tenhamos a guerra convencional ou a nuclear, não teremos mudado e o homem destruirá o homem.

Sendo assim, a pergunta, na verdade, deveria ser: quais são, essencialmente, fundamentalmente, as causas da guerra? Precisamos ver juntos as verdadeiras causas, não as inventadas, não as românticas, como as causas patrióticas e todas essas bobagens, mas descobrir com honestidade o motivo que leva o homem a se preparar para cometer assassinatos legalizados — a guerra. Até que pesquisemos e cheguemos à resposta, as guerras prosseguirão. Mas não estamos considerando com a necessária seriedade, ou nos dedicando com o necessário afinco, à tarefa de desvendar as causas da guerra. Deixando de lado aquilo com o que defrontamos no momento atual, a proximidade do assunto, a crise atual, não poderemos juntos descobrir as verdadeiras causas e colocá-las de lado, dissolvê-las? Isso requer o ímpeto de descobrir a verdade.

Alguém poderá perguntar: qual a origem desta divisão — o russo, o americano, o inglês, o francês, o alemão, etc. — por que existe essa distinção entre homem e homem, entre raça e raça, cultura contra cultura, uma ideologia contra outra? Por quê? Por que existe essa separação? O homem dividiu a terra entre o que é seu e o que é meu — por quê? Será que buscamos encontrar segurança, proteção, num determinado grupo ou em determinada crença ou fé? Mas as religiões também dividiram os homens, colocaram o homem contra o homem — os hindus, os muçulmanos, os cristãos, os judeus e assim por diante. O nacionalismo, com seu malfadado patriotismo, é na verdade uma forma exaltada, uma forma enobrecida de valorizar a vida em tribos. Seja numa pequena tribo, seja numa tribo maior, existe o sentimento de estar junto, de ter a mesma língua, as mesmas superstições, o mesmo tipo de sistema político ou religioso. E com isso a pessoa se sente segura, protegida, feliz e com bem-estar. E em nome dessa segurança e bem-estar estamos dispostos a matar outros que têm o mesmo tipo de desejo de segurança, de se sentirem protegidos, de pertencer a algo. Esse terrível desejo de se identificar com um grupo, com uma bandeira, com um ritual religioso, etc., nos dá a sensação de que temos raízes, de que não vagamos a esmo. Existe o desejo, a ânsia de descobrir as próprias raízes.

E também dividimos o mundo em zonas econômicas, com todos os seus problemas. Talvez uma das principais causas da guerra seja a indústria pesada. Quando a indústria e a economia caminham de braços dados com a política, é inevitável que elas tentem sustentar uma atividade separatista de modo a manter seu *status* econômico. Todos os países estão fazendo isso, grandes e pequenos. As nações poderosas estão armando as pequenas — algumas discreta e sub-repticiamente, outras ostensivamente. Será que a causa de toda essa desgraça e sofrimento, e de todo o enorme dispêndio de dinheiro em armamentos, é a manutenção visível do orgulho, do desejo de ser superior aos outros?

A Terra é nossa, não de vocês ou minha ou dele. É de se supor que devemos viver nela ajudando-nos mutuamente e não nos destruindo uns aos outros. Não se trata aqui de nenhuma tolice romântica, mas de fatos reais. O homem, porém, dividiu a terra na esperança de, no particular, encontrar a felicidade, segurança, uma sensação de inexcedível bem-estar. Até que ocorra uma mudança radical e varramos com todas as nacionalidades, com todas as ideologias, com todas as divisões religiosas, e estabeleçamos um relacionamento global, psicológico de início, interiormente antes de organizarmos o exterior — a menos que isso ocorra, as guerras continuarão. Se você faz mal aos outros, se você mata, seja por raiva ou num assassinato organizado, a que se dá o nome de guerra, você, que é o restante da humanidade, não um ser humano separado lutando contra o restante da humanidade, estará se destruindo.

Essa é a questão básica, a questão verdadeira, que você precisa compreender e resolver. Até que você se dedique, se envolva em erradicar essa divisão nacional, econômica e religiosa, você estará perpetuando a guerra. Você é responsável por todas as guerras, sejam elas convencionais ou nucleares.

Essa é, com efeito, uma questão urgente e importante: pode o homem, você, produzir essa mudança em você mesmo — não dizer: "Se eu mudar, será que isso tem algum valor? Não será apenas uma gota d'água no oceano, sem efeito algum? Que importa eu mudar?" Essa não é a questão correta, se você me permite dizê-lo. Está errada porque você é o resto da humanidade. Você é o mundo; você não é separado do mundo. Você não é americano, russo, hindu ou muçulmano. Você vai além desses rótulos e palavras; você é o resto da humanidade porque sua consciência, suas reações, são iguais às dos outros. Você pode falar uma língua diferente, ter costumes diferentes. Isso é cultura superficial — todas as culturas aparentemente são superficiais —, mas a sua consciência, suas reações, sua fé, suas crenças, suas ideologias, seus medos, ansiedades, solidão, sofrimento e prazer são semelhantes àquelas do restante da humanidade. Se você mudar, isso afetará a humanidade como um todo.

É importante ter isso em mente — não de forma vaga ou superficial — ao investigar, pesquisar, buscar as causas da guerra. A guerra só poderá ser compreendida e eliminada se você e todos aqueles profundamente preocupados com a sobrevivência do homem perceberem a extrema responsabilidade pela matança dos outros. O que o fará mudar? O que fará com que você se conscientize da terrível situação que produzimos agora? O que fará com que você repudie todo tipo de divisão — religiosa, nacional, ética, e assim por diante? O sofrimento fará isso? Mas o homem carrega esse sofrimento há milhares e milhares de anos, e não mudou; busca ainda a mesma tradição, o mesmo modo de vida em tribos, a mesma divisão religiosa do "meu Deus", do "seu Deus".

Os deuses, ou seus representantes, são inventados pelo pensamento; eles não possuem nenhuma realidade na vida diária. Segundo a maioria das religiões, matar o semelhante é o maior dos pecados. Já antes do cristianismo os muçulmanos afirmavam isso, os budistas diziam isso, e no entanto as pessoas matam apesar de sua crença em Deus, ou de sua crença num salvador, e assim por diante; eles ainda prosseguem no caminho da matança. Será que a recompensa dos céus ou o castigo dos infernos fará com que vocês mudem? Mas isso também já foi oferecido aos homens. E também fracassou. Nenhuma imposição externa, leis, sistemas, nada disso jamais impedirá o homem de matar. Assim como nenhuma convicção intelectual ou romântica acabará com as guerras. Elas só terminarão quando você, como o resto da humanidade, enxergar a verdade de que, enquanto existirem divisões de qualquer tipo, haverá conflitos, limitados ou amplos, estreitos ou em expansão, haverá lutas, conflito, dor. Sendo assim, você é responsável, não apenas pelos seus filhos, mas também pelo resto da humanidade. A menos que você compreenda isso profundamente, não de modo puramente idealista ou intelectual, mas sinta isso em seu próprio sangue, em sua maneira de olhar a vida, em suas ações, você estará apoiando o assassinato organizado que é chamado de guerra. O imediatismo da percepção é mais importante do que o imediatismo de responder a uma questão que é resultado de milhares de anos ao longo dos quais o homem vem matando o homem.

O mundo está doente; e ninguém pode ajudar você, exceto você mesmo. Já tivemos líderes, especialistas, todo tipo de influência externa, incluindo Deus — sem nenhum efeito; eles não influenciaram de forma alguma o seu estado psicológico. Eles não podem guiá-lo. Nenhum estadista, mestre, guru, ninguém pode fazê-lo mais forte interiormente, ninguém pode lhe dar a suprema saúde. Enquanto você permanecer em desordem, enquanto sua casa não for mantida em condição adequada, num estado adequado, você criará o profeta externo e ele estará sempre a desencaminhá-lo. Sua casa está em desordem, e ninguém nesta terra ou no céu pode trazer a ordem para sua casa. A menos que você, por si mesmo, compreenda a natureza da desordem, a natureza do conflito, a natureza da divisão, sua casa — ou seja, você — permanecerá sempre na desordem, em guerra.

A questão não é saber quem tem o maior poderio militar; trata-se do homem contra o homem, o homem que acumulou ideologias; e estas, produzidas pelo homem, fazem com que um se volte contra o outro. Até que essas idéias, ideologias, terminem e o homem se torne responsável pelos outros seres humanos, em hipótese alguma haverá paz no mundo.

Saanen, 26 de Julho de 1983

Questionador: O senhor disse que é necessário não ter opiniões sobre nada. Mas eu acho que é indispensável formar uma opinião sobre assuntos sérios como o nazismo, o comunismo, a corrida armamentista, o uso da tortura pelo Estado. Não se pode simplesmente sentar e ficar observando tudo isso. Não devemos nos manifestar a respeito ou até fazer alguma coisa?

Krishnamurti: Você não vai me entender! E eu também não vou entender você! Isso não é um jogo. Por que temos opiniões? Não estou dizendo que isso é necessário ou não. Por que temos opiniões? As opiniões são algo que não se provou — o preconceito é também uma forma de opinião. Por que temos opiniões? Não que não exista o nazismo, a corrida armamentista e o uso da tortura pelo Estado. Tudo isso existe; os governos fazem isso em nome da paz; da lei, do patriotismo, de Deus. Todas as religiões promoveram torturas, exceto o Hinduísmo e o Budismo. Bem, esses são os fatos. Os ingleses vendem armas para a Argentina. Veja como isso é ridículo. A França e outros países vendem armas. Você pode ter opiniões fortes contra tudo isso. O que você pode fazer? Reunir um grupo, fazer manifestações, gritar *slogans,* apanhar da polícia, ter bombas de gás lacrimogêneo arremessadas contra você? Você já viu tudo isso na televisão, ou até já passou por isso se você faz parte do circo, se faz parte do *show.*

E será que a sua opinião produziu alguma mudança? A questão dos armamentos se arrasta há séculos. Todos dizem que é preciso pôr fim a isso e, no entanto, o mundo dos negócios e a indústria afirmam que não podemos viver se não o fizermos. O que você fará, então? Vai deixar de pagar os impostos? Se fizer isso, será mandado para a cadeia. Em primeiro lugar, veja a lógica envolvida nisso. O que você fará a respeito de tudo isso? Tudo está errado, é cruel; o resultado é uma grande dose de violência. Isso é um fato. O Chile atualmente tortura pessoas; acontece também em Bellfast e assim por diante. Nenhum governo está livre disso; seja às claras ou às escondidas, é o que vem acontecendo. Bem, o que se deve fazer? Você pode se opor violentamente ao nazismo, a Hitler e companhia. Eles cometeram barbaridades no mundo. A Alemanha é um país da Europa altamente civilizado e que se superou na filosofia, nas invenções. Pois esse mesmo povo de alto grau de cultura se deixou levar por um lunático.

Bem, mas qual é a sua opinião? Eu tenho uma opinião contra tudo isso. Que valor tem esta opinião? Será que ela vai afetar o comércio de armamentos, impedir o nazismo e a tortura? Ou será que tudo isso vai mais fundo do que a mera opinião? Existe uma questão mais séria e profunda: por que o homem se volta contra o homem? Faça essa pergunta, e não queira saber se minha opinião se justifica ou não. Por que, depois de tantos séculos da assim chamada civilização e cultura, o homem se coloca contra o homem? Se pudermos entrar nisso, e isso requer uma investigação bem mais séria do que simplesmente se ater ou não a uma opinião, entraremos em uma área na qual poderemos descobrir algo.

Por que você, como ser humano, se coloca contra outro ser humano? Contra outra ideologia? Você tem a sua própria ideologia, mas você se coloca contra outra. A ideologia da democracia e a ideologia totalitária estão em guerra. Por que os homens vivem segundo as ideologias? As ideologias não são reais, são algo inventado pelo pensamento. O pensamento, depois de intermináveis estudos de filosofia materialista, chega a uma certa conclusão; essa se torna lei para alguns e eles querem que todos a aceitem. O outro lado faz praticamente a mesma coisa, porém de outra maneira. O mundo democrático, o assim chamado mundo livre, não nos manda para a prisão — podemos sentar aqui e conversar. Num estado totalitário isso provavelmente jamais seria possível.

Nossa pergunta é mais fundamental e profunda: por que o homem se volta contra o homem? Você não está contra alguém? Você não é violento? E você é a totalidade da humanidade. Sei que gostamos de acreditar que somos indivíduos separados, almas particulares — mas não somos. Você é o resto da humanidade, pois você sofre, vive em agonia e depressão, assim como todos os outros. Portanto, lá no fundo, na essência, você é o resto da humanidade. Você é a humanidade e, quer queira, quer não, tem um sentimento global. Você tem antagonismos, violência, agressividade, patriotismo, meu país é melhor que o seu, minha cultura é maior e todas essas bobagens, e, por conseqüência, você também vende armas; você também ajudou a torturar pessoas porque você é católico, protestante ou hindu. Onde existir divisão, haverá conflito e tudo o mais. E será que você age de maneira plena, ou quem age é o "pequeno eu"? Nesse caso, você é um homem contra outro.

Q: Segundo o que lemos, o senhor teve experiências estranhas e misteriosas. Será a kundalini ou algo ainda maior? Lemos que o senhor considera o processo pelo qual passou uma espécie de expansão da consciência. Será que isso, ao contrário, não poderia ser algo auto-induzido e psicossomático, provocado pela tensão? Não será a consciência de Krishnamurti produzida pelo pensamento e pelas palavras?

K: Alguém está interessado nisso, e por isso é preciso responder. Você se interessa por isso? É claro. Isso é mais entusiasmante do que o desejo! Eu gostaria de manter a simplicidade acerca de tudo isso. Krishnamurti, aparentemente, teve diversas experiências. Elas podem ser psicossomáticas, induzidas pela tensão ou uma agradável projeção de seus próprios desejos, e assim por diante. Na Índia, a palavra *kundalini* tem um significado muito sério. Inúmeros livros foram escritos sobre isso, e diversas pessoas afirmam tê-la despertado. Não vou entrar nisso. Não se deixem hipnotizar por essa palavra. Ela significa uma espécie de liberação de energia que parece, então, inesgotável. Ela tem outros significados diferentes — despertar energia e deixar que ela funcione completamente. E o assim chamado processo pode ser imaginação, e assim por diante.

Mas que importância tem tudo isso? Atualmente, na Rússia, fazem-se experiências nas quais se tenta ler os pensamentos dos outros. Andropov pode ler os pensamentos do sr. Reagan, o sr. Reagan pode ler os pensamentos do sr. Andropov, e acabou a brincadeira! Se você puder ler os meus pensamentos e eu puder ler os seus, a vida se tornará terrivelmente complexa e bastante cansativa. Esse tipo de experiência foi feita na Duke University nos Estados Unidos. Tudo isso é a antiga tradição indiana. Talvez Krishnamurti tenha feito algumas dessas experiências, mas qual a importância disso? É como tomar um bom banho — depois de um dia quente, tomar um bom banho com uma toalha limpa e um bom sabonete, e ao final você ficou limpo. O que importa é que você se lavou. Coloque tudo nesses termos. Não dê grande importância a isso. Krishnamurti passou por tudo isso; ele sabe bastante a respeito. Mas considera tudo isso desnecessário. Existe uma grande energia dentro de nós que tem sido mal utilizada em lutas, brigas, pretensões, tentativas de dizer que o meu é melhor que o seu, atingir determinado patamar, etc. É mais importante investigar por que os seres humanos se comportam como o fazem agora, e não toda essa trivialidade. Isso é trivialidade. Já discutimos isso com diversas pessoas que alegam ter tido esse despertar. Você tem uma pequena experiência, e em torno dela você monta uma organização. Então eu me torno um guru; estou estabelecido. Tenho discípulos, digo-lhes o que fazer, tenho dinheiro, sento-me em determinada postura, e eu... bem, toda essa grande tolice!

Sendo assim, é preciso que se tenha bastante cuidado acerca de nossas pequenas experiências. O que importa na verdade é descobrir de forma saudável, racional e lógica o quanto da sua energia você gasta em conflitos, brigas, medo e pretensão. Quando toda essa energia não for mais desperdiçada, você terá toda a energia do mundo. A partir do momento em que o seu cérebro não se deteriorar mais, em conflitos, lutas, brigas, ambição, solidão, depressão, etc., você terá energia em abundância. Mas se você libera apenas um certo tipo de energia, fraca, você causa um mal infinito os outros.

Sendo assim, por favor, não caiam na armadilha daqueles gurus que afirmam: "Eu sei; você não sabe; vou lhe ensinar." Existem inúmeros centros nos Estados Unidos e, provavelmente, na Europa e na Índia nos quais uma ou duas pessoas afirmam: "Despertei esse determinado material, e vou contar tudo a vocês sobre isso. Vou ensinar." Sabem, o mesmo jogo de sempre! Tudo se torna bastante trivial quando se vê o homem lutando contra o homem, o mundo se degenerando, se desintegrando, e você aqui falando sobre pequenas experiências banais.

Além disso, você indaga: não será a consciência de Krishnamurti produzida pelo pensamento, assim como toda consciência, com o seu conteúdo, é resultado do movimento do pensamento? Sua consciência tem o seu conteúdo de medo, de crença, de solidão, de ansiedade, de sofrimento, de seguir alguém, de ter fé, de dizer que o seu país é melhor, que a sua cultura é maior. Tudo isso faz parte da sua consciência; é o que você é. Se você se livrar disso, você passa a estar numa dimensão diferente. Isso não é expansão da consciência; é negar o conteúdo da consciência, e não expandir e se tornar cada vez mais egocêntrica.

San Francisco, 5 de Maio de 1984

Para investigar e observar por inteiro o mundo psicológico de cada um de nós, é preciso paixão; não pode se tratar apenas de entretenimento intelectual, de dissecção ou análise. É preciso paixão e energia. Mas essa energia atualmente vem sendo desperdiçada em conflitos, porque cada um de nós, rico ou pobre, ignorante ou cientista, uma pessoa comum de vida diária monótona ou o homem inculto do pequeno vilarejo, vive em permanente conflito. Todos os seres humanos vivem grandes conflitos, lutas e dores. Para investigar a possibilidade de acabar com todo esse conflito, interior e psicológico, não basta apenas energia; é indispensável também a verdadeira paixão: paixão por descobrir se o conflito humano algum dia poderá terminar ou se está fadado a prosseguir indefinidamente.

De acordo com arqueólogos e biólogos, devemos habitar a terra já há cerca de quarenta ou cinqüenta mil anos — desde as civilizações mais antigas até os tempos atuais. Vivemos todos em conflito, não apenas com a natureza mas também interior e externamente através de guerras. Esses quarenta ou cinqüenta mil anos de evolução humana conduziram-nos à nossa condição atual — ainda em conflito. Eu me pergunto se vocês percebem isso, não em teoria ou intelectualmente, mas se verificam com exatidão a profundidade do conflito que vivemos uns contra os outros, e não apenas com os outros mas também no interior de nós mesmos. O conflito é aceito como parte do cotidiano, externamente na forma de guerra — glorificação da vida em tribos —, destruindo milhões e milhões de pessoas. Embora as religiões falem de paz na Terra, todas elas, com exceção talvez do budismo e do hinduísmo, promoveram matanças. Existe competição, agressão, cada qual em busca do próprio sucesso e satisfação. Externamente, estamos em conflito, mas interiormente também. Isso é um fato; não é teoria.

Nunca investigamos a possibilidade de virmos algum dia a nos libertar dos conflitos. Será natural e inevitável que vocês perguntem ao orador: "Mas o senhor está livre dos conflitos?" Se não estivesse, ele não falaria a respeito disso. Seria hipocrisia, e o orador, ao longo de quase toda a sua vida, abominou qualquer tipo de pensamento ou modo de vida desonesto ou hipócrita. Bem, mas para investigar isso em conjunto vocês precisam participar, envolver-se, empenhar-se em descobrir se o conflito pode ter um fim, embora vivendo neste mundo, não se refugiando em algum mosteiro ou fugindo para algum retiro religioso e toda essa bobagem. Por que vivemos em conflito? Qual a causa, a verdadeira natureza e a estrutura do conflito? A maioria de nós espera por uma resposta, quer que alguém nos diga isso. Essa é a função do especialista. Mas não há especialistas aqui. Estamos nos perguntando qual a causa disso, das guerras, das guerras econômicas, das guerras sociais e da destruição dos seres humanos. Qual a causa de tudo isso? Não será o fato de haver nacionalidades, com cada nação se acreditando separada do restante do mundo? Não apenas o nacionalismo — glorificação das tribos —, mas também as ideologias dos estados totalitários e do mundo democrático, diferentes crenças, materialismo dialético de um lado, crença em Deus e ideais democráticos de outro. Ainda assim, não passam de ideais. Então as idéias estão em guerra; as crenças estão em guerra. Se você acredita em determinadas formas de dogmatismo cristão ou nas superstições e dogmatismo do hinduísmo ou do budismo, as próprias crenças, as diferentes formas de fé, dividem os seres humanos. Você é católico, protestante, e há incontáveis facções de protestantismo, assim como há do hinduísmo e do budismo — existem os budistas do norte e os budistas do sul.

Sendo assim, a principal causa do conflito externo é a divisão. Onde existe divisão, existirá conflito; e em nós mesmos nós somos fraccionados, fragmentados. Cada um de nós pensa que é separado do outro — não é verdade? As religiões do mundo inteiro encorajaram a crença de que somos separados, de que temos uma alma separada, uma individualidade separada. Por favor, não rejeitem isso. Não estamos pedindo a você que aceitem nada; estamos apenas investigando.

No mundo asiático, na Índia, acredita-se nessa individualidade separada, no atman separado, tal como vocês fazem aqui no mundo cristão — uma alma separada, para poder ser salva. Assim, desde a infância, este sentimento de divisão e de fragmentação dentro de nós é a causa básica do conflito, cada qual buscando a própria salvação pela religião — seja lá o que isso signifique. Cada qual tentando se expressar, se preencher, ir em busca dos próprios ideais, das próprias ambições; e marido e mulher agem de maneira idêntica, cada qual buscando o próprio prazer, buscando realizar os próprios desejos.

Assim, como se pode ver, haverá conflito enquanto existir divisão. E será que esta divisão pode terminar? Será que a divisão, responsável por tantas desgraças, por tanta confusão, feiúra e brutalidade no mundo, pode ter um fim dentro de cada um de nós? Você pode fazer essa pergunta intelectualmente e especular a respeito. Talvez alguns de vocês digam: "Não, não é possível. Existe conflito na natureza. Tudo luta para alcançar a luz, os animais maiores matam os menores e assim por diante. Como fazemos parte da natureza, estamos fadados a viver em conflito. A vida é assim." E isso já foi aceito, e não só como tradição: nós fomos encorajados, instruídos e educados para seguir adiante em conflito.

Será que esta divisão em nós pode terminar? Ou seja, os desejos que se opõem, querer e não querer — sabem, todas as energias opostas responsáveis por tantos conflitos e desgraças —, pode isso tudo terminar? Mas certamente não terminará através de atos espontâneos, ou seja, pela vontade. Qualquer forma de vontade, desejo, motivação, vontade de pôr fim a esse conflito, gera novos conflitos. Não é mesmo? Eu quero acabar com os conflitos. Por quê? Porque espero levar uma vida tranqüila, e no entanto preciso fazer parte deste mundo — o mundo dos negócios, da ciência, do relacionamento com os outros, etc., o mundo moderno. Posso existir neste mundo moderno sem conflito? Todo o mundo dos negócios baseia-se no conflito, na competição, uma empresa em luta contra a outra. Esse é o incessante conflito que ocorre externamente. E será que, antes disso, o conflito interior pode acabar?

Vivemos perguntando acerca de viver no mundo exterior sem conflito, mas só descobriremos a resposta certa, a ação correta, quando investigarmos o conflito que cada um de nós carrega dentro de si. Será que essa divisão, esses desejos conflitantes, solicitações opostas, necessidades individuais, será que toda essa divisão pode acabar?

Ela só pode acabar se observarmos o conflito sem tentar acabar com ele ou transformá-lo, mas apenas observá-lo. E isso significa estar a par, dedicar plena atenção à tarefa de descobrir o que é e como surge o conflito, as duas tendências opostas da energia; é o simples observar de tudo isso.

Mas porventura alguma vez observamos algo de forma completa? Ao olhar o mar, turbulento de manhã e bastante calmo à tarde, você por acaso já observou, por inteiro, sem palavras, sem dizer nada, o quanto ele é bonito, barulhento e perturbador? Já observou com todos os seus sentidos, com todo o seu ser, essas águas maravilhosas? Para observar o mar sem reação nenhuma, apenas olhe. E se você já fez isso alguma vez, examine o conflito da mesma maneira, sem reação, sem motivo, pois no momento em que você tiver um motivo este motivo lhe dará uma direção. E nessa direção existe conflito; portanto, observe apenas o fenômeno do conflito, sua causa, não apenas a divisão, mas a imitação, a conformidade, tudo isso. Limite-se a tomar consciência de toda a natureza e estrutura do conflito. Quando dedicar esta atenção plena, você verá por você mesmo se o conflito termina ou não. Mas isso exige, como já dissemos, uma grande dose de energia e essa só pode surgir se houver grande paixão por trás dela, se você realmente quiser descobrir. Gasta-se tempo e energia com a tarefa de ganhar dinheiro, bem como na busca de entretenimentos. Mas você jamais dedica energia, intensa e profundamente, para descobrir se o conflito algum dia pode terminar.

O caminho, portanto, é a observação, não o ato espontâneo, não a ação da vontade ou a resolução, mas observar com todo o seu ser a natureza e a estrutura do conflito. Então, um dos condicionamentos do cérebro chega ao fim. Sim, pois todos os seres humanos ao redor do mundo são condicionados — como católicos, protestantes, hindus, muçulmanos, budistas e todas as variedades de invenções humanas.

Precisamos investigar nosso condicionamento: nós somos condicionados; vocês são americanos, seguem o padrão de vida americano. Se forem católicos, foram condicionados ao longo de dois mil anos; se forem protestantes, desde o período de Henrique VIII, que queria se ver livre do papa para poder se casar de novo. Existem inúmeras formas de condicionamento religioso, social e cultural na Índia, no Japão e em todas as partes do mundo. Nós somos condicionados. E esse condicionamento é a nossa consciência.

Somos condicionados pelos jornais, pela mídia. Esse condicionamento é a nossa consciência, não apenas reações biológicas, sensoriais, sexuais — isso é parte do nosso condicionamento —, mas somos também condicionados por diversas formas de crença, de fé e de dogma, por ideologias, por inúmeras formas de rituais religiosos. Existe a questão do condicionamento pela linguagem, ou seja, se a linguagem condiciona o cérebro.

Portanto, somos condicionados. Nossa consciência é todo o conhecimento que adquirimos, a experiência, não apenas a fé, a crença, o dogma, os rituais, mas também o medo, o prazer, o sofrimento e a dor. Nosso condicionamento é essencialmente conhecimento. Adquirimos conhecimento ao longo de quarenta mil anos ou mais. E continuamos a fazer acréscimos a esse conhecimento. Os cientistas produzem novos acréscimos dia após dia, mês após mês, àquilo que já conheciam. E esse conhecimento é adquirido através da experiência, dos testes, das experimentações; se eles não têm êxito, deixam aquilo de lado e começam de novo. Existe essa expansão contínua do conhecimento, tanto interior quanto exteriormente. E o conhecimento, por ser baseado nas experiências, é limitado. Não pode haver conhecimento completo sobre nada, inclusive Deus. O conhecimento é sempre, agora e no futuro, limitado; pode ser ampliado, pode receber acréscimos, mas ainda assim terá sua limitação.

Sendo assim, o pensamento, que é fruto do conhecimento armazenado no cérebro como memória, esse pensamento é limitado. Não existe pensamento completo. Por favor, questionem, duvidem, descubram. Isso é importante porque a nossa consciência é essencialmente pensamento, essencialmente conhecimento. Nossa consciência, toda a capacidade do cérebro é, portanto, sempre limitada, condicionada. O pensamento pode imaginar, especular sobre o espaço imensurável e infinito e assim por diante, mas não importa o que o pensamento faça, será sempre limitado. Porventura enxergamos esse fato? Pois é importante compreender isso e não de forma meramente intelectual, mas perceber que, não importa sobre o que pensemos, isso será sempre limitado, quer se trate de um pensamento político, religioso ou econômico. O pensamento inventou Deus — desculpem, espero não chocá-los com isso. Um momento. Se você não tem medo, nenhum tipo de medo, seja de incidentes ou acidentes externos ou internos, medo da morte, do amanhã, do tempo, qual a necessidade de Deus? Existe esse estado que é eterno — mas sobre o qual não vamos conversar agora.

Sendo assim, é importante, essencial, compreender a natureza do pensamento. O pensamento criou as mais incríveis maravilhas — lindas pinturas, belíssimos poemas; o pensamento criou também o mundo fantástico da tecnologia, desde a bomba de nêutrons até a comunicação instantânea, todos os instrumentos de guerra, os submarinos, o computador, etc. O pensamento produziu tudo isso. As mais belas catedrais da Europa, e tudo que está dentro das catedrais e das igrejas, tudo isso foi feito pelo pensamento. Mas o pensamento, não importa quanto tenha construído, interna ou externamente, ainda assim é limitado e, por conseguinte, fragmentado.

O pensamento é um processo material; portanto, nada de sagrado pode ser produzido por ele. Tudo aquilo a que damos o nome de religião foi criado pelo pensamento. Você poderia argumentar que se trata de revelação divina vinda diretamente dos céus, mas a própria idéia de "direto dos céus" ou "revelação" é atividade do pensamento, bem como a "superconsciência" e assim por diante, todas as invenções dos gurus que, infelizmente, vieram para este país. Vocês têm seus próprios gurus, que são os sacerdotes; não acrescentem outros. Vocês já os têm em número suficiente.

Portanto, é preciso compreender com exatidão a natureza do pensamento. O pensamento nasceu do conhecimento, foi armazenado no cérebro na forma de memória; sendo assim, é um processo material. O conhecimento, é claro, é indispensável em certo nível de existência —

preciso de conhecimento para escrever uma carta, para ir daqui para ali. Preciso de conhecimento para dirigir o automóvel, para fazer tudo o que está ligado ao mundo físico. O conhecimento tem seu devido papel. Mas estamos perguntando se há lugar para o conhecimento no mundo psicológico. Haverá lugar para o conhecimento entre você e sua esposa ou marido? Pois o conhecimento representa as lembranças acumuladas por você neste relacionamento, entre homem e mulher, sejam elas lembranças sexuais, de prazer, de dor, de antagonismo, e também as imagens, o conhecimento, os retratos de cada um.

Propomos agora uma pergunta fundamental: não será o conhecimento um dos fatores de conflito no relacionamento? Você certamente tem — não é mesmo? — uma imagem a respeito de sua mulher — e a mulher a respeito do marido, a namorada a respeito do namorado, etc. Cada qual desenvolve, não apenas a sua própria imagem, mas também a imagem do outro. Você por certo criou uma a respeito do orador, caso contrário não estaria aqui. E essa imagem impede que cada um compreenda efetivamente o outro.

Quando uma pessoa vive com outro em grande intimidade, ao longo desse relacionamento ela acumula, dia após dia, recordações a respeito do outro. Essas recordações, que são imagens, impedem o verdadeiro relacionamento. Isso é um fato. Estas recordações são agentes de divisão e, por conseguinte, geram conflito entre o homem e a mulher. E, pergunto, pode ter fim esse processo de registrar imagens no cérebro? Se a pessoa é casada — suponha que eu seja casado, não sou, mas suponhamos que eu seja. Não me perguntem o motivo de eu não ter me casado. Essa seria uma maneira fácil de fugir do assunto. Suponha que eu seja casado: existe atração, sexo e todo o resto. Dia após dia, mês após mês, durante anos, acumulei grande conhecimento a respeito dela. E ela fez exatamente o mesmo a meu respeito. E essas imagens, esse conhecimento que um tem sobre o outro, produzem uma divisão e, portanto, o conflito. Será que esse conflito no relacionamento pode acabar? Bem, isso é muitíssimo importante, é essencial. Se puder existir sem o mínimo vestígio de conflito, o relacionamento será uma das maiores preciosidades; e não se pode viver nesta terra sem relacionamentos.

A solidão é uma forma de separação total, divisão total. Assustados com a solidão, com toda a sua depressão e feiúra, tentamos consciente ou inconscientemente estabelecer um relacionamento com o outro. Sendo assim, nós nos apegamos à figura, à lembrança da mulher, do homem ou de quem quer que seja. Mas a verdadeira liberdade é estar livre deste processo formador de imagens; esta é a verdadeira liberdade — e não fazer o que você quiser, isso é infantil e imaturo, mas, sim, a liberdade gerada pelo fato de, no relacionamento, não haver acúmulo de recordações. Será isso possível? Ou não passará de esperança vã, de algo que só se pode desejar no céu, o que, aliás, seria um absurdo?

Vamos investigar o assunto. O orador, de sua parte, já mergulhou fundo nele. Mas, para que *você* mergulhe no assunto, é preciso de início investigar o motivo que leva o cérebro a fazer registros. O cérebro registra; isso faz parte do seu funcionamento; registra o modo de aprender francês ou russo, registra inúmeras atividades comerciais; todo o mecanismo do cérebro serve para registrar. Mas por que ele tem de registrar no relacionamento? Por que o meu cérebro tem de registrar o insulto, o elogio, ou o encorajamento que recebi de minha mulher? Por quê? Já investigou isso? Provavelmente, não. Sem dúvida, isso é muito tedioso. A maioria de nós está satisfeita com a sua forma de viver — aceita-a e a mantém até envelhecer e morrer. Continuar a viver dessa maneira é um inútil desperdício de energia. Não há nisso arte nem beleza. Seguir a mesma rotina, dia após dia, com as mesmas desgraças, confusão, insegurança e, ao final, de forma tão sem sentido, morrer.

Em determinado nível, é necessário que o cérebro registre, fisicamente: como dirigir um carro, como ser um bom carpinteiro ou um político indecente. Mas no relacionamento de duas pessoas, por que motivo é preciso haver registros de qualquer natureza? Porventura esses registros trarão segurança aos nossos relacionamentos? Existe segurança nos relacionamentos? Segundo eu soube, há mais divórcios neste país do que casamentos.

O relacionamento é assunto muito sério. Mas a qualidade desse relacionamento fica destruída quando o cérebro se põe a registrar todos os acidentes insignificantes, os prazeres ou implicâncias. Você sabe o que se passa nos relacionamentos comuns, cada qual buscando as próprias ambições, satisfações e prazer. Isso destrói o relacionamento.

Além disso, será o amor um assunto para o pensamento? Amor é desejo? Amor é prazer? Amor é recordação? Por favor, investiguem isso — não intelectualmente, mas de verdade, fazendo da própria investigação uma ação. Quando você age, essa ação requer paixão e não apenas conceitos intelectuais ou desejo. O amor não é desejo ardente, o amor não está na órbita do pensamento; e, quando no relacionamento o cérebro não passa de mera máquina de fazer registros, vocês destrói todo o amor.

Você poderá alegar: "Para o senhor é fácil falar dessa forma, porque o senhor não é casado." Muitas pessoas já me disseram isso — o que é uma grande tolice. O orador vive com muita gente, na Índia, na Europa, nos Estados Unidos, com muita gente, continuamente. Quando a natureza, a estrutura, a atividade e a limitação do pensamento tiverem sido efetivamente compreendidas, e isso significa terem sido observadas, a própria observação é ação. Existirá então uma qualidade diferente de relacionamento, porque o amor está fora do cérebro e não é confinado pelo pensamento.

Sendo assim, nosso condicionamento, tal como o medo, é um movimento do pensamento. Temos vivido com medo durante milhares de anos, e ainda temos medo, interna e externamente. Queremos segurança física. É preciso ter segurança física. Mas essa segurança física torna-se insegurança quando se busca a segurança psicológica. Queremos segurança psicológica em primeiro lugar; para ser psicologicamente seguro, é preciso ter absoluta segurança no relacionamento — uma mulher permanente! Ou, se a permanência não existir com essa mulher, vou tentar descobri-la com outra mulher. Podem rir, mas é isso que vem ocorrendo no mundo. Talvez tenha ocorrido com vocês. Talvez por isso estejam rindo com tanta rapidez.

É preciso investigar em profundidade se existe alguma segurança interior, se existe permanência na vida. Ou se essa busca da segurança interior, que em última análise é Deus, não passa de ilusão e, portanto, não existe segurança psicológica, mas apenas a suprema inteligência — não a dos livros, não a do conhecimento, mas aquela que surge e existe quando há compaixão e amor. Esta inteligência, então, age. Você pode dizer: "Tudo isso é forçado, complicado", mas não é. A vida —

o viver — é um processo bastante complicado. Você certamente sabe disso melhor do que o orador. Ir para o escritório ou para a fábrica — todo o nosso modo de viver é complexo. E aquilo que é complexo deve ser abordado com extrema simplicidade. É preciso ser psicologicamente simples, não estupidamente simples, mas enxergar a qualidade da simplicidade. A palavra *inocência* significa, etimologicamente, não ferir e não ser ferido. Mas nós somos feridos desde a infância pelos nossos pais, pelos nossos companheiros, ao longo da universidade, e assim por diante; continuamente sofremos feridas psicológicas. E carregamos esses ferimentos por toda a vida, com toda a sua agonia. E, tendo sido ferida uma vez, a pessoa terá sempre medo de voltar a ser ferida, e para se proteger constrói um muro à sua volta e resiste. Mas não ser jamais ferido é simplicidade.

E com essa simplicidade deve-se abordar o problema complexo do viver — eis aí a arte de viver. Tudo isso requer uma grande dose de energia, de paixão, e um enorme senso de liberdade para observar.

Rajghat, 12 de Novembro de 1984

Vocês gostariam de conversar sobre o que leva os seres humanos a viver em constante conflito, a sempre ter problemas? Já pensaram nisso? A vida de vocês está em conflito, não é mesmo? Sejam honestos e simples pelo menos desta vez. O que é o conflito? Desejos que se opõem, exigências antagônicas, opiniões contrárias: eu penso assim, você pensa de outra forma; meu preconceito contra seu preconceito; minha tradição contra sua tradição; minha meditação contra a sua; o meu guru é melhor que o seu; em nível ainda mais profundo, o meu egoísmo contra o seu egoísmo. Existe então esse processo contraditório que opera dentro de nós, que é a atitude dualística em relação à vida. O bom e o mau. Já investigaram se existe uma relação entre o bom e o mau? Ou será que nunca pensaram nisso? Isso é dualidade, compreendem, ódio e não-ódio.

Vamos tomar um exemplo: violência e não-violência. Existe relacionamento entre a violência e o cérebro que não tem violência? Se existir, isso significa que há conexão entre os dois. Se existir relacionamento entre a violência e a não-violência — uma terá nascido da outra. Preste atenção nisto por um momento. Dois opostos: violência, ou, se você não gostar da violência, inveja e não-inveja. Se a inveja tiver relacionamento com a não-inveja, uma terá nascido da outra.

Veja, se o amor tem relação com o ódio ou com a inveja — assim é melhor — vamos tomar um fato do dia-a-dia. Se o amor se relaciona com o ódio, então não é amor, não é verdade?

Se aquilo que não é violento estiver relacionado com a violência, ainda será parte da violência. Ou seja, a violência é algo completamente diferente daquilo que é não-violência. Se você percebe esse fato, não há mais conflito. Veja: eu sou cego, eu aceito isso. Não posso viver lutando contra isso, dizendo que preciso ter mais luz, que preciso enxergar. Eu sou cego. Mas se eu não aceitar e ficar repetindo que preciso enxergar, preciso enxergar, preciso enxergar, haverá conflito. Esse é um fato bastante simples. Eu aceito que sou cego. Com a aceitação da minha cegueira, preciso cultivar os outros sentidos. Percebo quando estou me aproximando de uma parede. Perceber o fato de que sou cego tem suas responsabilidades. Mas se eu não parar de repetir para mim mesmo que preciso enxergar, preciso enxergar, estarei em conflito.

E é isso o que vocês estão fazendo. Se eu aceito que sou tolo, eu o faço porque me comparo com você, que é esperto. Eu só conheço a tolice por comparação. Eu vejo você, brilhante, esperto, inteligente — e afirmo que, comparado a você, sou um tolo. Mas se eu não comparar, *eu sou o que sou*. Certo? Posso partir disso; mas, se fico o tempo todo me comparando a você, que é inteligente, brilhante, de boa aparência, capaz, e tudo o mais, fico em permanente conflito com você. Mas se aceito aquilo que sou — eu sou isso — posso partir daí. O conflito só existe quando se nega o fato real do "o que é". Eu sou *isso*, mas se eu permanecer o tempo todo tentando me tornar *aquilo*, estou em conflito. Vocês estão assim porque se envolvem em um vir-a-ser psicológico. Todos vocês querem se tornar homens de negócios, ou santos, ou meditar devidamente, não é mesmo? Então ocorre o conflito. Em vez de constatar que sou violento e não fugir desse fato, finjo que não sou violento; e quando finjo que não sou violento, o conflito começa. Então, será que vocês vão parar de fingir e começar a dizer: eu sou violento, vamos lidar com a violência? Quando você tem uma dor de dentes, vai ao dentista, faz algo a respeito; mas quando você *finge* que não tem dor de dentes...! O conflito termina quando você enxerga os fatos como eles são e não finge algo que não existe.

Bombaim, 7 de Fevereiro de 1985

Você é capaz de olhar para algo sem a palavra? Você é capaz de olhar para essa pessoa sem a palavra, a imagem, a reputação e todas essas bobagens? Você é capaz de olhar assim para ela? A palavra não é o observador? A palavra, assim como a imagem, a recordação, e tudo mais, não é o observador? Todo o seu retrospecto de hindu, ou de muçulmano ou do que quer que seja, com todas as suas superstições, crenças e implicações, não será isso tudo o observador? A memória faz o observador parecer diferente do observado. Você seria capaz de olhar, de observar, sem esse retrospecto, sem que as recordações passadas se imponham sobre aquilo que está sendo observado? Se você fizer isso, passa a existir só o observado. Não existe observador observando o que está sendo observado.

Quando existe uma diferença, uma divisão entre o observador ou aquele que testemunha, entre o observador e o observado, haverá — como já dissemos — conflito. E compreender o que leva os seres humanos a viver em conflito desde o dia em que nascem até a morte é descobrir o motivo da existência dessa divisão entre observador e observado ou, então, se existe apenas o que é observado.

O que estamos afirmando é que, onde houver divisão, haverá conflito. Esta é uma lei, uma lei eterna. Onde há separação, divisão, ruptura em duas partes, necessariamente há conflito. E esse conflito, no fim, se transforma em guerra, em matanças. Tal como vem acontecendo agora no mundo, nos Estados Unidos, na Rússia, no Líbano, no mundo islâmico e no mundo não-islâmico, existe conflito. Sendo assim, compreender e ficar livre do conflito é compreender por que o observador se torna tão dominador, separado dele ou dela, da pessoa ou objeto que se está observando. Quando eu observo a minha mulher ou namorada, há uma divisão entre nós, uma divisão real, não apenas física, mas uma divisão tradicional, a autoridade do pai, a autoridade de alguém, de maneira que há sempre divisão em nossos relacionamentos e há sempre, portanto, conflitos entre os seres humanos.

Existem pouquíssimos seres humanos cujos relacionamentos não têm conflitos, e esses conflitos surgem porque separamos o observador do observado. Eu sou diferente da minha raiva, da minha inveja, do meu sofrimento; portanto, sendo diferente, existe conflito. Ou seja: "Preciso me livrar do sofrimento. Diga-me como superar o sofrimento. Diga-me o que fazer com o medo." Existe então o conflito o tempo todo. Mas *você sofre*. Você não é diferente do sofrimento, da raiva, de seus desejos sexuais, ou é? Você não é diferente da solidão que sente — você é solitário. Mas nós dizemos: "Sim, sou solitário mas preciso fugir disso." Vou então para a igreja ou vou me divertir. Você não é diferente da qualidade daquilo que você é: essa qualidade *é* você. Eu *sou* a raiva, o sofrimento, solidão, depressão. Bem, mas antes, quando havia divisão, eu atuava sobre a minha raiva, sobre o meu sofrimento. Se eu me sentia solitário, fugia da solidão, tentava me superar, me analisar ou me preencher com todo tipo de divertimento ou atividade religiosa. Mas, se sou solitário, não posso fazer nada a respeito. Eu sou solitário — mas não como algo diferente de mim — eu sou isso. Antes eu agia sobre isso; agora eu não posso agir sobre isso porque *eu sou* isso.

O que acontece quando o observador é o observado? Quando a raiva *sou* eu, o que ocorre? Você já investigou isso, ou se contenta em dizer "Sim, eu sou o observador e o observado"? Isso é absolutamente inútil. Mas mergulhe nisso e descubra se a raiva é mesmo diferente de você. A tradição, o condicionamento, diz: "Sou diferente da minha raiva", e assim você age sobre ela. Mas quando você verifica que você é a raiva, o que você faz? O que acontece?

Em primeiro lugar, todos os conflitos desaparecem. Quando você percebe o que é na verdade, cessam todos os conflitos. Eu sou negro — e ponto final. Isso é um fato — castanho-claro, castanho-escuro, violeta ou outra cor qualquer. Dessa forma, você elimina de vez esse processo divisor que lhe causa conflitos.

Além disso, por que motivo fazemos abstrações de um fato? O fato é que eu estou com raiva, com ciúme, estou solitário. Por que transformamos isso numa idéia, numa abstração? Porventura é mais fácil fazer uma abstração do que enfrentar o fato? Talvez, pois é possível brincar com as idéias. Eu digo: "Sim, essa é uma boa idéia; essa é uma má idéia; convença-me; você não está me convencendo." Posso prosseguir assim indefinidamente. Mas quando não existe abstração mas apenas o fato, nesse caso eu tenho de lidar com ele. Mas então eu me separo e digo: "Vou fazer algo a respeito." Quando se verifica que não existe separação — você é isso, você é "o que é", você é um hindu, muçulmano ou cristão; você é um homem de negócios, você é feio, você é brutal; você é tudo isso — então você terá eliminado definitivamente o sentimento de divisão em você mesmo, e assim o conflito termina. Você sabe como é o cérebro quando não existe conflito? Quando o cérebro vive em permanente conflito, tal como ocorre no cérebro da maioria das pessoas, o que acontece a esse cérebro? Ele é ferido, machucado.

Não há dúvida de que você viveu durante muito tempo cheio de conflitos, dores, sofrimentos e medo, e disse: "Isso faz parte da vida. Vou aceitar isso", e continuou assim. Você nunca investigou o que o conflito produz no cérebro, na psique de um ser humano. Se alguém apanha constantemente, é bombardeado com conflitos, sabe o que acontece com o cérebro? Ele se encolhe. Ele se torna pequeno, limitado, feio. É o que vem ocorrendo conosco. Sabedor disso, o homem inteligente pergunta: "Por que vou viver em conflito o resto de minha vida?" Ele se põe a investigar o que é o conflito. O conflito existe sempre que há divisão — do lado de dentro ou de fora. Essa divisão, profunda e fundamentalmente, é entre o "eu" — o observador — e o que está sendo observado. São duas atividades separadas — e isto não é verdade, porque você é raiva, é violência. Se você chega a esse ponto e verifica que o observador é o observado, passa a haver atividade, o que é totalmente diferente.

Do Diário de Krishnamurti, *31 de Setembro de 1961*

O sol se punha por trás das colinas de Roma e havia grandes nuvens coloridas; elas eram brilhantes, espalhavam-se pelo céu, e a terra inteira tomava-se de enorme esplendor, visível até mesmo nos postes telegráficos e na silhueta contínua de edifícios ao longe. Logo escureceria, e o carro avançava veloz. As colinas se desfaziam e a terra se achatava. Olhar com o pensamento é bem diferente de olhar sem o pensamento. Olhar com o pensamento essas árvores ao longo da estrada e os edifícios do outro lado dos campos ressequidos faz com que o cérebro fique preso às suas próprias amarras do tempo, da experiência e das recordações; o mecanismo do pensamento trabalha sem cessar, sem descanso, sem frescor; o cérebro fica embotado, insensível, sem poder de recuperação. Permanece num eterno reagir a desafios, e suas respostas são inadequadas e nunca originais. Olhar com o pensamento mantém o cérebro nos trilhos do hábito e do reconhecimento; ele se torna cansado e preguiçoso e vive dentro dos estreitos limites de suas próprias produções. Jamais é livre. Porém, quando o pensamento não está olhando, surge a liberdade; olhar sem o pensamento não significa observação inexpressiva ou ausência provocada por distração.

Quando o pensamento não olhar, tem-se apenas a observação, sem o processo automático de reconhecer e comparar, justificar e condenar; olhar dessa forma não cansa o cérebro, pois todos os processos automáticos do tempo cessaram. Através do repouso completo, o cérebro se refresca, passa a poder responder sem reação, a viver sem deterioração e a morrer sem a tortura dos problemas. Olhar sem o pensamento é enxergar sem a interferência do tempo, do conhecimento e do conflito. Essa liberdade de enxergar não é uma reação; toda reação tem uma causa; olhar sem reação não é indiferença, alheamento, retirada a sangue-frio. Enxergar sem o mecanismo do pensamento significa o enxergar pleno, sem particularizações ou divisões, o que indica a inexistência de separações e dessemelhanças. A árvore não se torna uma casa, nem a casa uma árvore. Enxergar sem pensamento não põe o cérebro para dormir; ao contrário, ele fica bem desperto e atento, sem atritos nem dores. A atenção sem as fronteiras do tempo é o florescer da meditação.

Fontes e Agradecimentos

Do relato da primeira conversação pública em Ojai, 27 de maio de 1945, no volume IV de *The Collected Works of J. Krishnamurti*, copyright © 1991 Krishnamurti Foundation of America.

Do relato da quarta conversação pública em Ojai, 17 de junho de 1945, no volume IV de *The Collected Works of J. Krishnamurti*, copyright © 1991 Krishnamurti Foundation of America.

Do relato da oitava conversação pública em Bombaim, 7 de março de 1948, no volume IV de *The Collected Works of J. Krishnamurti*, copyright © 1991 Krishnamurti Foundation of America.

Do relato da segunda conversação pública em Bangalore, 11 de julho de 1948, no volume V de *The Collected Works of J. Krishnamurti*, copyright © 1991 Krishnamurti Foundation of America.

Do relato da primeira conversação pública em Poona, 1ª de setembro de 1948, no volume V de *The Collected Works of J. Krishnamurti*, copyright © 1991 Krishnamurti Foundation of America.

Do relato da segunda conversação pública em Bombaim, 19 de fevereiro de 1950, no volume VI de *The Collected Works of J. Krishnamurti*, copyright © 1991 Krishnamurti Foundation of America.

Do relato da décima quinta palestra com os estudantes em Rajghat School, Varanasi, 22 de janeiro de 1954, no volume VIII de *The Collected Works of J. Krishnamurti*, copyright © 1991 Krishnamurti Foundation of America.

Do relato da primeira conversação pública em Rajghat, em 9 de janeiro de 1955, no volume VIII de *The Collected Works of J. Krishnamurti*, copyright © 1991 Krishnamurti Foundation of America.

Do relato da primeira conversação pública em Ojai, 6 de agosto de 1955, no volume IX de *The Collected Works of J. Krishnamurti*, copyright © 1991 Krishnamurti Foundation of America.

Do relato da segunda conversação pública em Nova Delhi, 27 de outubro de 1963, no volume XIV de *The Collected Works of J. Krishnamurti*, copyright © 1991 Krishnamurti Foundation of America.

Do relato da primeira conversação pública em Madras, 22 de dezembro de 1965, no volume XVI de *The Collected Works of J. Krishnamurti*, copyright © 1992 Krishnamurti Foundation of America.

Do relato do primeiro diálogo público em Roma, 31 de março de 1966, no volume XVI de *The Collected Works of J. Krishnamurti*, copyright © 1992 Krishnamurti Foundation of America.

Do relato da primeira palestra em Rajghat, 10 de dezembro de 1967, no volume XVII de *The Collected Works of J. Krishnamurti*, copyright © 1992 Krishnamurti Foundation of America.

Da gravação do primeiro diálogo público em Brockwood Park, 8 de setembro de 1970, copyright © 1970/1994 Krishnamurti Foundation Trust, Ltd.

Do relato da primeira conversação pública em Brockwood Park, 31 de agosto de 1974, copyright © 1974/1994 Krishnamurti Foundation Trust, Ltd.

Do relato da segunda conversação pública em Ojai, 13 de abril de 1975, copyright © 1975/1994 Krishnamurti Foundation Trust, Ltd.

Da gravação do quinto diálogo público em Saanen, 30 de julho de 1978, copyright © 1978/1994 Krishnamurti Foundation Trust, Ltd.

Do relato da terceira conversação pública em Bombaim, 31 de janeiro de 1981, copyright © 1981/1994 Krishnamurti Foundation Trust, Ltd.

Do relato da segunda conversação pública em Ojai, 2 de maio de 1982, copyright © 1982/1994 Krishnamurti Foundation Trust, Ltd.

Do relato da segunda conversação pública em Bombaim, 23 de janeiro de 1983, copyright © 1983/1994 Krishnamurti Foundation Trust, Ltd.

De *Krishnamurti to Himself*, Ojai, 31 de março de 1983, copyright © 1987 Krishnamurti Foundation Trust, Ltd.

Da gravação do terceiro encontro de perguntas e respostas em Saanen, 26 de julho de 1983, copyright © 1984/1994 Krishnamurti Foundation Trust, Ltd.

SOBRE DEUS

J. Krishnamurti

"Às vezes, achamos que a vida é algo mecânico, e outras vezes, quando há tristeza e confusão, recorremos à fé, voltando-nos para um ser supremo em busca de ajuda e de orientação" — diz Krishnamurti nas primeiras páginas deste livro.

Nas palestras enfeixadas neste volume, Krishnamurti discorre sobre a incoerência dessa atitude, fala sobre a futilidade que é a procura do conhecimento do "incognoscível" e mostra que só quando cessamos a nossa busca intelectual é que podemos estar "radicalmente livres" para experimentar a realidade, a verdade e a bem-aventurança.

Neste livro, Krishnamurti nos apresenta "a mente religiosa" como aquela que percebe diretamente o sagrado, em vez de aderir a dogmas religiosos.

* * *

J. Krishnamurti (1895-1986), o renomado mestre espiritual, divulgou sua mensagem em conferências e em livros como *Reflexões sobre a Vida*, *A Rede do Pensamento*, *Diálogos sobre a Visão Intuitiva* e outros publicados pela Editora Cultrix.

Nesta nova série serão publicados os seguintes títulos:

- *Sobre Deus*
- *Sobre relacionamentos*
- *Sobre a vida e a morte*
- *Sobre o modo correto de ganhar a vida*
- *Sobre conflitos*
- *Sobre aprendizagem e conhecimento*
- *Sobre amor e solidão*
- *Sobre a mente e o pensamento*

EDITORA CULTRIX

SOBRE RELACIONAMENTOS

J. Krishnamurti

Em 1950, Krishnamurti disse: "Se nos preocuparmos com a nossa própria vida, se entendermos o nosso relacionamento com os outros, criaremos uma nova sociedade; caso contrário, perpetuaremos a atual desordem e confusão."

Apresentando uma base de longo alcance para a resolução de muitas das crises mundiais, *Sobre Relacionamentos* reúne os ensinamentos mais essenciais para o relacionamento do indivíduo com as outras pessoas, com a sociedade e com a própria vida.

Neste livro, o renomado mestre torna claro que o modo como lidamos com as nossas crises pessoais e os nossos relacionamentos tem um significado mais amplo, global, que nos conecta com os problemas de todas as pessoas. Não se pode acabar com as causas da guerra, por exemplo, se deixamos de ver a necessidade de um verdadeiro respeito dentro da família e em relação a todas as outras pessoas.

* * *

J. Krishnamurti (1895-1986), o renomado mestre espiritual, divulgou sua mensagem em conferências e em livros como *Reflexões sobre a Vida*, *A Rede do Pensamento*, *Diálogos sobre a Visão Intuitiva* e outros, publicados pela Editora Cultrix.

Nesta nova série, serão publicados os seguintes títulos:

- *Sobre Deus*
- *Sobre relacionamentos*
- *Sobre a vida e a morte*
- *Sobre o modo correto de ganhar a vida*
- *Sobre conflitos*
- *Sobre aprendizagem e conhecimento*
- *Sobre amor e solidão*
- *Sobre a mente e o pensamento*

EDITORA CULTRIX

149

SOBRE A VIDA E A MORTE

J. Krishnamurti

Sobre a Vida e a Morte revela que o medo de morrer não tem como causa a dor física de nos separarmos de nossos entes queridos, mas sim o medo de que uma parte essencial do que somos deixará de existir. Krishnamurti explica que, para compreender a morte, que está inseparavelmente unida à vida, precisamos abordá-la com um entendimento puro, isento das atitudes e preconceitos que costumam acompanhar a discussão deste tema.

* * *

J. Krishnamurti (1895-1986), o renomado mestre espiritual, divulgou sua mensagem em conferências e em numerosos livros, dentre os quais se destacam os seguintes, que fazem parte do catálogo da Editora Cultrix: *Comentários sobre o Viver*, *Diálogos sobre a Vida*, *A Educação e o Significado da Vida*, *Diário de Krishnamurti*, *Liberte-se do Passado*, *A Primeira e Última Liberdade* e outros.

Nesta nova série, serão publicados os seguintes títulos:

- *Sobre Deus*
- *Sobre relacionamentos*
- *Sobre a vida e a morte*
- *Sobre o modo correto de ganhar a vida*
- *Sobre conflitos*
- *Sobre aprendizagem e conhecimento*
- *Sobre amor e solidão*
- *Sobre a mente e o pensamento*

EDITORA CULTRIX

SOBRE O AMOR E A SOLIDÃO

J. Krishnamurti

"Existe um nome... que se destaca em contraste com tudo o que há de secreto, de suspeito, de confuso, de livresco, de escravizador: Krishnamurti. Eis um homem da nossa época que pode ser considerado um verdadeiro mestre. Ele ocupa uma posição sem par."

– HENRY MILLER

Em 1950, Krishnamurti disse: "Só quando a mente não está se esquivando de maneira alguma é que é possível saber-se exatamente o que é a solidão e, para isso, tem de haver muito afeto, tem de haver amor."

Sobre o Amor e a Solidão é um instigante exame do nosso relacionamento íntimo com o nosso próprio ser, com os outros e com a sociedade. Krishnamurti afirma neste livro que o "verdadeiro relacionamento" só pode existir quando conhecemos as condições que separam e isolam pessoas e grupos. Só mediante a renúncia ao eu é que podemos compreender o problema da solidão e amar de fato.

* * *

J. Krishnamurti (1895-1986) foi um renomado mestre espiritual cujas palestras e escritos continuam inspirando milhares de pessoas.

Esta nova série de seus escritos é integrada pelos seguintes títulos:

- *Sobre Deus*
- *Sobre relacionamentos*
- *Sobre a vida e a morte*
- *Sobre o modo correto de ganhar a vida*
- *Sobre conflitos*
- *Sobre a aprendizagem e o pensamento*
- *Sobre o amor e a solidão*
- *Sobre a mente e o pensamento*

EDITORA CULTRIX

151

SOBRE O VIVER CORRETO

J. Krishnamurti

Krishnamurti disse: "Não será acaso necessário que cada um saiba por si mesmo qual o modo correto de ganhar a vida? Se formos avarentos, invejosos, sedentos de poder, nosso modo de ganhar a vida corresponderá às nossas exigências internas, criando um modo de competitividade, inquietação, opressão e acabando, em última análise, em guerra."

Sobre o Viver Correto analisa os modos de nos engajarmos em nosso trabalho sem sermos engolidos por ele. Num mundo sequioso de produção, de bens materiais e de consumo, poucos de nós têm tempo para analisar se nosso trabalho causa danos ao ambiente, se estamos aproveitando ao máximo os talentos que temos ou se simplesmente estamos trabalhando para sobreviver. Krishnamurti traz ensinamentos sábios e eloqüentes sobre esses assuntos de máxima importância para todos.

* * *

J. Krishnamurti (1895-1986), o renomado mestre espiritual, divulgou sua imagem em conferências em numerosos livros, dentre os quais se destacam os seguintes, que fazem parte do catálogo da Editora Cultrix: *Comentários sobre o Viver, Diálogos sobre a Vida, A Educação e o Significado da Vida, Diário de Krishnamurti, Liberte-se do Passado, A Primeira e Última Liberdade* e outros.

Nesta nova série estão incluídos os seguintes títulos:

- *Sobre Deus*
- *Sobre Relacionamentos*
- *Sobre a Vida e a Morte*
- *Sobre Conflitos*
- *Sobre Aprendizagem e Conhecimento*
- *Sobre Amor e Solidão*
- *Sobre a Mente e o Pensamento*

EDITORA CULTRIX